Reginald Rudorf · Die vierte Gewalt

DER AUTOR:

Reginald Rudorf, geboren 1929 in Hamburg. Er wächst in Leipzig auf, wo er nach dem Zweiten Weltkrieg bleibt. Dort gerät er wegen seines offenen Denkens, seiner klaren Sprache – und seiner Leidenschaft für den verpönten Jazz – in Konflikt mit der SED. Verhaftung, zwei Jahre im berüchtigten Zuchthaus Waldheim folgen.

Er flieht in den Westen, wo er ein Erfolgsjournalist wird, für die *Frankfurter Allgemeine*, die *Frankfurter Rundschau*, den *Spiegel*, *Bild* und viele andere. Rudorf ist Chefredakteur des Mediendienstes *Rundy*, der zweimal wöchentlich Interna aus der Medienbranche berichtet. Er gilt nicht nur deshalb als einer der besten Kenner der deutschen Medienlandschaft.

Zahlreiche Buchveröffentlichungen, darunter *Jazz in der Zone*, Köln 1963 und – bei Ullstein – *Nie wieder links*, Frankfurt/Berlin 1990.

Er ist Ritter vom französischen Orden der Kunst und Wissenschaft, verliehen in Paris vom französischen Kulturminister 1982, und Träger des Bundesverdienstkreuzes am Bande, verliehen vom Bundespräsidenten 1989.

Reginald Rudorf

Die vierte Gewalt

Das linke Medienkartell

Ullstein

Ullstein Report
Ullstein Buch Nr. 36635
im Verlag Ullstein GmbH,
Frankfurt/M – Berlin

Originalausgabe

© 1994 by Verlag Ullstein GmbH,
Frankfurt/M – Berlin
Alle Rechte vorbehalten
Umschlagentwurf:
Hansbernd Lindemann
Herstellung: Dieter Funk
Gesamtherstellung:
Ebner Ulm
Printed in Germany 1994
ISBN 3 548 36635 X

Gedruckt auf alterungs-
beständigem Papier mit
chlorfrei gebleichtem Zellstoff

Die Deutsche Bibliothek – CIP-Einheitsaufnahme

Rudorf, Reginald:
Die vierte Gewalt : das linke Medienkartell /
Reginald Rudorf. – Orig.-Ausg. –
Frankfurt/M ; Berlin : Ullstein, 1994
(Ullstein-Buch ; Nr. 36635 : Ullstein-Report)
ISBN 3-548-36635-X
NE: GT

Inhalt

EINLEITUNG
Unter Kopfjägern
7

ERSTES KAPITEL
Von Antifa zu Agitprop
1945 wurden die Medienweichen gestellt
43

ZWEITES KAPITEL
Die Manipulation
Verschweigen, Verzerren, Verreißen
76

DRITTES KAPITEL
Die radio-aktiven Angstmacher
Medienkrieg gegen die Industriegesellschaft
97

VIERTES KAPITEL
Die Ideologie
Die Augen links:
Der Feind steht rechts
131

FÜNFTES KAPITEL
Auf zum letzten Geflecht
ARD und ZDF im Würgegriff von Parteien und
IG Medien
162

SECHSTES KAPITEL
Endzeit für Kampagneros
Stell dir vor, es ist Montag und keiner liest den Spiegel
191

SIEBTES KAPITEL
Alle Macht den Drähten
Mündige Bürger sind gegen Manipulation immunisiert
212

Personenregister
225

EINLEITUNG
Unter Kopfjägern

»Wer die Medien beherrscht, beherrscht die Wählerschaft. Wer die Wählerschaft beherrscht, beherrscht den politischen Prozeß.«

KARL LÖWENSTEIN – 1950

Löwensteins Satz trifft nicht mehr ganz zu.

Sicher war es so, daß, wer die Medienklaviatur beherrscht, Zuhörer im politischen Hochamt hatte und hat.

Sicher hat die deutsche Linke manchen politischen Erfolg vorwiegend ihrem Medienkartell zu verdanken, das bis zum Tage funktioniert und keineswegs auch in seiner Endzeit, die eingesetzt hat, unterschätzt werden darf.

Der Begriff »Vierte Gewalt« ist nach wie vor die treffendste Beschreibung der massiv in das Denken, Reagieren und Agieren des Bürgers einfließenden, in Legislative und Exekutive eingreifenden Macht der Medien.

Selbst Friedrich Nowottny, gelernter Journalist und Intendant des größten deutschen Senders, des *WDR*, räumt ein: »Rundfunk und Presse haben einen faktischen Einfluß; dies ist eine Macht, die der vierten Gewalt nahekommt.«

Was die vierte Gewalt anzurichten vermag, welche unmittelbare Wirkung sie haben kann, zeigt allein schon, wie sie Ende 1993 Kohls Präsidentschaftskandidaten

Heitmann in wenigen Wochen mit links wegfegte. Daß diese Kampagne letztlich wenig bewirkte, zeigte sich allerdings im Mai 1994, als Kohls zweiter Kandidat, Roman Herzog, gegen den – etwa in der *Zeit* – hervorbrechenden Widerstand des linken Medienkartells zum Bundespräsidenten gewählt wurde.

Wie auch immer die eine oder andere Medienschlacht in diesen Jahren ausgeht: Das Ende der Sowjetunion und ihrer Satelliten, vor allem des SED-Staates mit dem Mogelnamen DDR (die DDR war weder deutsch, demokratisch – noch eine Republik), hat den militanten, orthodoxen und harten Kern der linken Medienmacher der quasi-moralischen und zuweilen wohl auch der monetären Geschäftsgrundlage beraubt.

Und selbst wer nur in den hehren Höhen des reinen Sozialismus über den Medien daherschwebte: Die weltweite Bloßstellung des real existierenden Sozialismus als eine Millionen Menschen exekutierende Massenmordmaschinerie, die in siebzig Jahren Terror nach offiziellen Moskauer Angaben etwa 100 Millionen Menschen ohne Kriegshandlungen getötet hat, diese globale Diskreditierung der »letzten Hoffnung der Menschheit« – so Romain Rolland über den Kommunismus in der UdSSR – hat den Sozialismus widerlegt. Das Inferno eines über siebzig Jahre währenden Massakers erledigt auf lange Sicht – wenn nicht für immer – die Akzeptanz der sozialistischen Ideologie, die sich freilich mit den ihr verbliebenen Institutionen und Rezeptoren vor allem in Deutschland zur Wehr setzt, wo der Irrtum am zählebigsten (auch dank des Überlebens der literarischen, philosophischen und publizistischen SED-Hiwis in West und Ost) zu überleben versucht.

Allein: Im Zeitalter eines wachsenden demokratischen

Bürgerbewußtseins in Deutschland, das vom linken Medienkartell auf Dauer vergebens mit gefälschten oder drastisch überzogenen rassistischen und ausländerfeindlichen Szenarien konterkariert und denunziert wird, in einer Ära sich dramatisch vermehrender Medienvielfalt und wissenschaftlich wie technologisch (statt ideologisch) heranwachsender Intelligenz, die sich selber Meinungen aus Facts statt Fanatismen bilden will, bei dieser high-tech-geprägten Generation, die auf dem digitalisierten Informations-Highway ins 20. Jahrhundert gelangt (und nicht auf dem unbewohnbaren roten Planeten namens Marx landen will), beißt sich jede Ideologie die Zähne aus.

Diese Generation ist dem Zugriff der ideologisch munitionierten Medien-Kampagneros entzogen. Nichts offenbarte und charakterisierte diesen Trend konkreter und drastischer als die Etablierung des Nachrichtenmagazins *Focus* in einem vom *Spiegel* total besetzten und uneinnehmbar gewähnten Segment des Medienmarktes.

Was auch oft in der demokratischen Mitte und dem konservativen Spektrum zur demokratischen Rechten vergessen wird – bei der Linken ohnehin –, ist:

Das linke Medien-Kartell, *die 5. Feder* – wie Luis Maria Anson dessen innere Mechanik beschrieb –, dieses Kartell kann nur beim manipulierbaren, weltanschaulich oder ideologisch beeinflußbaren, dem komplexen Informationsangebot entzogenen oder sich entziehenden Bürger seine Wirkung voll entfalten. Der informierte Bürger hingegen hat sich der Manipulation zur Mündigkeit davonemanzipiert.

Aber noch funktioniert das vom *Spiegel* betriebene Medienkraftwerk zur Linken im Lande.

Das Superwahljahr 1994 wurde weder von der scheinbar zurückweichenden, sich zuweilen selbst verlierenden – in Wirklichkeit Zeit gewinnenden – Union noch der zersplitterten, führungsverzehrten SPD eingetrommelt; und schon gar nicht von den phantasmagorischen Öko-Platitüden der Grünen oder gar Kinkels verzwergten FDP-Überresten.

Der *Spiegel* besorgte den Wahlkampfstart bereits am 6. Dezember 1993 mit einem ebenso schlichten wie treffsicheren Titelfoto, auf dem die – gleichsam optisch vorweggenommene – Wahlniederlage des Kanzlers Kohl als suggestives Bildstück illustriert worden war.

Der Leser sah Kohls Kopf als Porträt der Resignation von hinten, dem Wähler schon – wie verloren – abgewandt. Und unter dem Rückwärtsfoto die suggestive Zeile: »Kohls Macht verfällt«. Schließlich groß in grellgelben Zweizentimeter-Lettern am unteren Blattrand die *Spiegel*-Schlagzeile: »DAS ENDE EINER ÄRA« – in gefetteten Versalien betoniert – versteht sich. Der Wunsch als Vater der Fettung. Derlei läuft stets nach dem gleichen Rezept ab: Vor der Niedersachsenwahl am 13. März 1994 erschien in der *Zeit* vom 11. März ein kleines 4,5×5-Zentimeter-Foto von Helmut Kohl mit der Unterzeile: »Politik nach Gutsherrenart«. Auf der gegenüberliegenden Aufschlagseite ein großes 8×8-Zentimeter-Foto von Gerhard Schröder mit der 1,5-Zentimeter-Schlagzeile: »Profil eines Profis«.

Warum sollte sich die Opposition Gedanken um den Wahlkampf machen – der *Spiegel* besorgt das schon. Kein Medium im Lande wurde bislang so nachgedruckt, nachgeschrieben, nachgeäfft und nachgebetet wie das Hamburger »Nachrichtenmagazin«.

Die Zwick-Mühle

Natürlich wissen die Medienmacher zur Linken genau, wie fest der Kanzler im Sattel sitzt. Also schießen sie sich auf dessen Umgebung ein. Schüsse auf Kinkel sind Kohl gegönnt. Trifft man zum Beispiel die CSU, trifft man den Kanzler – denkt man da.

So ist es kein Zufall, wenn nach Streibl, Gauweiler, Tandler dann vor allem Edmund Stoiber – mit Hilfe der gezielten Denunziationen des nach Spanien geflüchteten Steuerbetrügers Zwick – beschädigt werden soll. Dabei spielt es keine Rolle, ob die Argumente, Beschuldigungen und Tatsachen stimmen oder nicht. Es ist die Stimmung, die gegen die CSU (also gegen Kohl) erzeugt wird, indem Verdächtigungen breit in den Medien gestreut werden, um dann im Falle ihres Verfliegens klein oder gar nicht, in jedem Fall aber lau und langsam so zurückgefahren zu werden, daß immer ein Rest von Verdacht gegen die Beschuldigten bleibt. Es ist die alte Medien-Methode: Alarm geben. Nie Entwarnung.

Die Zwick-Mühle hatte der *Spiegel* Anfang 1994 aufgestellt – die *Süddeutsche* übernahm dabei gleichsam die die Amigo-Zwick-Affären perpetuierenden Aufgaben vor Ort in München. Der Rest der Presse und Sender muß nur noch die vom *Spiegel* aufbereitete Nachrichtenware durch den Wolf drehen – ohne eigene Anstrengungen und Recherchen. Dabei ist es zunächst ziemlich gleichgültig, ob die Amigo-Argumente zutreffen oder nicht.

In diesem Falle freilich endete die »*Spiegel*-Attacke gegen Edmund Stoiber als klassische Ente«, so das Frankfurter Fachblatt *Medien-Kritik*. Und die Münchner Bürger wählten im Juni 1994 trotz (oder gerade wegen) dieser massiven Amigo-Attackierung und Zwick-Zerrbildnerei die SPD in München ab – die CSU gewann die Wahl haushoch und hielt bei der Europawahl ihren deutlichen Vorsprung. Die Grenzen des linken Medienkartells werden sichtbar.

Richtung statt Richter

Das eigentliche Problem ist nicht der Wahrheitsgehalt, sondern die vorverurteilende Wirkung dieser mit System prononciert plazierten Veröffentlichungen, die anstelle eines relevanten Richterspruchs die diffamierende Richtung setzt. Wobei diese Richtung, wenn die Kampagnentechnologie des *Spiegel*-Medienverbundes untersucht wird, vorzugsweise die Bonner Koalition ist. Was immer etwa Hessens Ministerpräsident Eichel anstellt, es wird minimalisiert, zur Nebenszene heruntergespielt, verharmlost oder schlicht verschwiegen – also exakt umgekehrt verfahren wie bei Walter Wallmann, auf den so lange getrommelt wurde, bis er stürzte.

Dies fängt schon bei der Recherche an:

Dossiers und Denunziationen gegen Kohl und sein Umfeld haben immer Vorfahrt, so daß sich im Schatten des Bonner Hauptfeindes die Länderfürsten zur Linken, von Lafontaine bis Schröder, zumal in Wahlzeiten mit wenigen, subtil heruntergespielten Ausnahmen einer medialen Schonung erfreuen dürfen – es sei denn, sie provozieren in Verkennung der Medienlage im Lande dieses Kartell, wie es Oskar Lafontaine im Mai 1994 tat, als er ein vom Presserat abgelehntes und von allen Medien einhellig verurteiltes Gegendarstellungsgesetz durch den von ihm beherrschten Landtag zu Saarbrücken verabschieden ließ. Rudolf Augstein giftete im *Spiegel* über Oskar Lafontaine: »Der Schweinehirt gegen alle Journalistenschweine.«

Aber diese Ausnahme bestätigt auch hier nicht mehr als die Regel. Die ebenso offensive wie strategisch durchdachte Meinungsmache der deutschen Montagsjournaille hängt durchweg am *Spiegel*-Tropf. Was Montagmorgen im *Spiegel* steht, wird die ganze Woche nachgedruckt und nachgesendet.

Montagabend spielt etwa der Hessische Rundfunk, zuverlässiger *Spiegel*-Multiplikator, das vom *Spiegel* jeweils vorgegebene Szenario nach.

Dienstagmorgen spuren das ARD/ZDF-*Morgenmagazin* und natürlich *Frankfurter Rundschau, Süddeutsche, Taz*. Mittwoch dann zahllose Blätter der nach links geneigten Regionalpresse – nicht zu vergessen der seit Jahrzehnten streng links tradierte Evangelische Pressedienst *epd*.

Die wenigen Meter Luftlinie zwischen der Frankfurter *epd*-Redaktion, der Zentralredaktion der *Frankfurter Rundschau* am Eschersheimer Turm und dem benachbarten Hauptquartier des Hessischen Rundfunks am Dornbusch bilden das Bermuda-Dreieck des linken Medienkartells. Hier werden Kampagnen über Nacht wie aus dem Nichts geboren: *epd*, vom *Spiegel* vorab informiert, meldet, der HR sendet zeitgleich nach, die *Rundschau* druckt am nächsten Morgen. Seit Jahren ein immer gleiches Spiel. *epd* spielt dabei in den Rundfunkräten und sonstigen Chefetagen des öffentlich-rechtlichen Systems, wo er nahezu komplett abonniert ist, die Rolle des Meinungsmachers.

Erst die *FAZ*-nahe *Medien-Kritik* und der Informationsdienst *Rundy* haben hier in den letzten fünf Jahren das Monopol von *epd* und der katholischen Funkkorrespondenz gebrochen.

Nicht zu vergessen im linken Medienkartell die publizistischen Neuzugänge aus dem Osten vom *Neuen Deutschland* über *Junge Welt* bis hin zur brachialen Millionenauflage der einstigen SED-Bezirkszeitungen, in denen mehr als drei Fünftel der dort beschäftigten Journalisten schon zu SED-Zeiten daselbst tätig waren (und heute ihr Mütchen gegen *Wessis* und *Bonn* kühlen) – so die im März 1994 veröffentlichte Untersuchung des Instituts für Journalistik und Kommunikationsforschung der Universität Hannover.

Donnerstag folgen in alter Gefolgstreue die Wochenblätter *Stern, Zeit, Woche* – und todsicher eben auch die Ostberliner Blätter *Wochenpost* und *Freitag*.

Die vorgegebene *Spiegel-Story* wird über eine Woche lang millionenfach zur Kampagne hochmultipliziert.

Warum sollten die sozialdemokratisch gesonnenen Intendanten der ARD von Jobst Plog (NDR) bis Klaus Berg (HR) Parteien-Wahlwerbung senden – ihre Funkhäuser machen das ohne Parteien-Spots, sind in aller Regel automatisch und ohne Verabredung dem rotgrünen Mediengeflecht in der Redakteursbasis dieser Sender integriert: *Monitor, Panorama, Report Baden-Baden, Tagesschau, Tagesthemen, Zak.*

Auch in den privaten Medien – etwa in Heiner Bremers *Nachtjournal* bei RTL – werden *Spiegel*-Vorgaben oder Verschweigungen vorzugsweise praktiziert. Zur Seite stehen dem linken Medienkartell die tausend Nachrichten- und Magazinsendungen von mittlerweile über zweihundert Radioprogrammen.

Die Heitmann-Hatz

Fast vergessen: Am 13. September 1993 eröffnete der *Spiegel* das Preisschießen auf Steffen Heitmann, den sächsischen Justizminister und zeitweiligen Unions-Präsidentschaftskandidaten. Der *Spiegel* machte Heitmann über vier Seiten (»Guter Mann aus Dresden«) regelrecht nieder. Vorspruch des *Spiegel*-Stücks:
»Kohls Kandidat fiel bislang durch reaktionäre Sprüche und polarisierendes Gehabe auf« – eine (ab)wertende Abstempelung des Präsidentschaftskandidaten – ganz zu schweigen davon, daß sich die angeblich »polarisierenden Sprüche« Heitmanns zu Geschichte und Familie als weitverbreitete Bürgermeinung entpuppten, indessen auch engagierte politische Heitmann-Gegner durch die Bank ein »polarisierenedes Gehabe« bei Heitmann »nicht entdecken konnten« – so etwa Jens Reich. Viele der einstigen Bürgerrechtler sahen fassungslos zu, wie einer der Ihren von den »westdeutschen Medienjägern zur Strecke gebracht wurde« – so Freya Klier.

Acht Tage später, am 20. September, legt der *Spiegel* mit einer Haitzinger-Karikatur nach – die Kampagne ist eröffnet: Heitmann taucht in dem millionenfach gedruckten Cartoon hinter der DDR-Mauer gleichsam als personifizierte Nichtigkeit aus dem Nichts auf.

Die geschilderten Medien schießen sich nach der *Spiegel*-Zielvorgabe nun in Serie auf Heitmann ein.

Eine Woche später Schlag drei: Der *Spiegel* zieht als Joker gegen Heitmann den noch amtierenden Bundespräsidenten Richard von Weizsäcker aus dem Ärmel, mit dem das Blatt Heitmann regelrecht in die Ecke zitiert. Heitmann, so Weizsäcker laut *Spiegel*, sei »ein unbescholtener, konturenarmer Nischen-Ossi«.

Weizsäcker läßt durch sein Amt lau dementieren, aber nicht gegendarstellen oder gar Unterlassung fordern, was Weizsäcker bei jedem anderen Präsidentschaftskandidaten wohl getan hätte. Also blieb dieser »Weizsäcker-Spruch« so stehen. Wie auch immer: Das Zitat sitzt, macht die Medienrunde und wird vielhundertfach gegen Heitmann aus der Tasche gezogen: »Konturenarmer Nischenossi« – der Protest von ein paar wenigen ostdeutschen Bürgerrechtlern wie Bärbel Bohley verhallt ungehört.

Zwei Wochen darauf wird der *Spiegel* noch deutlicher.

Im Heft vom 11. Oktober 1993 knallt die Seitenüberschrift auf Heitmann nieder: »Nationales Unglück« – dazu eine Schoenfeldt-Karikatur, die Heitmann in die Nähe von Neonazis rückt – die alte Antifa-Masche des gelernten Agitprop: Wenn ein Demokrat weggeschossen werden soll, wird er in die Nähe von Nazis gerückt. Das war am 11. Oktober 1993.

Wieder eine Woche später im *Spiegel* die Schlagzeile »Kohls größte Panne«. Dazu wieder eine Heitmann-Karikatur aus der *Zeit* mit der Unterzeile »Der Kandidat« – Heitmann als Würstchen. Zwei Seiten weiter ein Heitmann-Foto mit der Dachzeile »Hier kommt der Frauenfeind«.

Wieder eine Woche später: *Spiegel*-Schlagzeile zu Heitmann: »Rechtes Unheil«.

Am 15. November 1993 senken die *Spiegel*-Macher die Schamschwelle unter Null. Ausgerechnet der renommierte Literaturkritiker Hellmuth Karasek gibt sich dazu her, Heitmann unter die Gürtellinie zu schlagen. Heitmann, so Karasek, habe »ein gestörtes Verhältnis zur Sprache« und leide an »politischer Impotenz« – ganz ähnlich wie Monate später in der Woche nach der Präsidentenwahl vom 23. Mai 1994 ausgerechnet ein Walter Jens die Sprache des Heitmann-Nachfolgers Roman Herzog in der *Zeit* abqualifizierte. Karasek: Der ganze Heitmann ein »Gähnender Sprachabgrund«. Der hochmögende Kritiker als Schlachtmeister eines semantisch geouteten Untermenschen.

Weiter: Auf Seite 25 montieren die gelernten Zerrbildner des *Spiegel* die Überschrift »Verbohrter Greis« so demagogisch unter ein Heitmann-Foto, als ob damit er und nicht Honecker gemeint sei.

Das Heitmann-Zerrbild ist nunmehr fertig montiert:

Politisch rechtsaußen, sprachlich (sprich: geistig) verwirrt, vergreist (als Nischen-Ossi zu lange Insasse im DDR-Staat), frauenfeindlich, auschwitzfreundlich, reaktionär, spießig, konturenlos – alles O-Töne. Kurz: Heitmann ist ein nationales Unglück – der Präsidentschaftskandidat aus dem Osten war ungeschützt, weil untrainiert in westlich vermintes Medienfeld geraten.

Und so ging es, wie vom *Spiegel* ferngelenkt, weiter.

Zeitgleich zur *Spiegel*-Kampagne gegen Heitmann, die millionenfach von Hunderten Blättern und Sendungen in alle Medienrichtungen vorgetragen wurde, stellte sich in der ARD der Kabarettist Rogler hin – am 6. und 20. Oktober 1993 – und buchte für sich den traurigen Ruhm, nicht nur den amtierenden sächsischen Minister Heitmann in die Nähe von NS-Verbrechern zu schieben, sondern auch noch Auschwitz satirefähig zu machen.

O-Ton Rogler: »Steffen, du wirst Präsident, keine Sorge, wir machen das! Auf deinen Berliner Amtssitz, da kommt die Reichskriegsflagge, Auschwitz wird internationales Tagungszentrum.«

Derlei lief in Regie und Verantwortung des WDR über den Kanal 1 der ARD. Rogler weiter – vor mehr als drei

Millionen Zuschauern – zu Heitmann: »Das wäre übrigens in der DDR nicht so passiert. Da waren die professioneller. Den hätte man kurzerhand für psychisch krank erklärt, zur Erholung an die Ostsee geschickt, wo er dann bei einem Fluchtversuch nach Schweden rüber in einem Unwetter ganz zufällig tragisch ums Leben gekommen wäre.«

Wie witzig. Zynismus als Stilmittel einer sogenannten Satire, die »nur« diffamieren will.

Zur gleichen Zeit konnte in Regie und »Verantwortung« des NDR in der ARD-Sendung *Nachschlag* der Politclown Hans Scheibner Steffen Heitmanns Mutter, deren Mann im Krieg fiel, als gleichsam gottverlassene Frau schmähen, da sie vergessen hätte, Steffen Heitmann abzutreiben. Dann wäre uns Heitmann »erspart geblieben«.

Scheibner-O-Ton: »Bravo – ja schade, Frau Heitmann, diesen Kandidaten hätten Sie rechtzeitig verhindern können.«

Heitmann-Kollege Arnold Vaatz, Umweltminister in Sachsen, zu dieser Scheibner-»Satire«: »Faschismus in Worten – Mölln auf hochdeutsch.«

Natürlich winkten NDR und WDR alle Proteste, Eingaben und Kritiken hochmögend ab – wie immer.

Allein: Es geht noch tiefer. Die *Süddeutsche*, stets und höchst betulich aufs Seriöse pochend, unterbot alle. Ganz im Stil der NS-Postille *Stürmer* zeigt sie im *SZ-Magazin* vom 10. Dezember 1993 ein ganzseitig verzerrtes Heitmann-Foto wie aus dem Album des Untermenschen mit der bezeichnenden Unterzeile: »Wer war eigentlich dieser Steffen Heitmann?« – War! Zynischer Nachruf auf einen »Nischen-Ossi«, den das Medienkartell mit links zur Strecke gebracht hatte.

Ertränken und abtreiben – Heitmann war.

Heitmann passé, Herzog olé

Natürlich war die Jagd auf Steffen Heitmann nur ein Nebenkriegsschauplatz in der Wahloffensive der linken Medien gegen Kanzler Helmut Kohl.

Absicht war es, Kohl zu treffen, ihm seinen Ossi aus dem Rennen zu nehmen und dafür Johannes Rau als gemeinsamen Kandidaten der deutschen Sozialdemokraten, der Grünen, der SED-PDS und womöglich der FDP zu favorisieren.

Den Kampagneros wider Heitmann war klar, daß die Wahl des Bundespräsidenten am 23. Mai 1994 einen nicht nur symbolischen Auftakt zur Bundestagswahl bedeutete.

Wer den Bundespräsidenten durchsetzte, der hatte die halbe Miete gezahlt.

Der angeschlagene Kohl könne, meinte die Meute nach der Hatz auf Heitmann, kaum noch einen zweiten Kandidaten mit Erfolg präsentieren.

Nur: Kohl hatte nie auf Zeitungen gesetzt, immer nur auf Zeitgewinn. Und plötzlich zog Helmut Kohl Roman Herzog nach dem coolen Motto des erfahrenen Profis aus dem Ärmel: Heitmann passé, Herzog olé. Der Präsident des Bundesverfassungsgerichts und designierte Präsident der Bundesrepublik Deutschland, Roman Herzog, bekam unverzüglich die Häme des Kartells zu spüren. Das gesamte linke Spektrum nahm unverhohlen für Johannes Rau Partei – noch drei Tage vor der Wahl räumte *Die Zeit* ihre Seite 1 für Johannes Rau und blies die letzte Runde mit der Schlagzeile an, daß man nur Rau wählen könne.

Kaum war Herzog gewählt (und danach auf das peinlichste von Scharping so lang gescholten, bis ihn Klose zurückpfiff), bekam er die gleiche Infamie jener Rufmord-Spezialisten zu spüren wie Heitmann.

Roman Herzog habe in seiner kurzen freien Dankesrede vor der Bundesversammlung – direkt nach seiner Wahl – die Ausländer nicht bedacht, den Rechtsextremismus ausgelassen.

Vor allem brachte das linke Medienkartell und die hinter ihm agierende SPD aus dem Häuschen, daß Herzog in dieser kurzen Ansprache dem Land ans Herz legte, sich »unverkrampft« seiner Gegenwart und Geschichte zu stellen.

Sofort zog die *Zeit* Herzogs »unverkrampft« auf den Titel als Aufmacher: »Unverkrampft die Macht behauptet« – schrieb sie quer über das Blatt am 26. Mai 1994, als ob die freie Wahl des Präsidenten ein undemokratischer Machterhaltungsvorgang gewesen sei.

Anstelle Hellmuth Karaseks bestellte die *Zeit* den »reamateurisierten Großrhetoren« *(FAZ)* Walter Jens, der sofort nach der Wahl Herzogs diesen – wie Karasek zuvor Heitmann – semantisch denunzierte. Herzogs Sprache sei »ohne Glanz und Eleganz«. Es sei so, als ob »ein Gutsherr zu seinem Gesinde rede«, »paternal und herablassend, einer im Stil Kaiser Wilhelms II.«.

Michael Jeismann kommentierte die Jens-Polemik wider Herzog, die sich natürlich vor allem an der Unverkrampft-Empfehlung des künftigen Bundespräsidenten erregte, in der *FAZ* vom 27. Mai 1994 so: »Von der ätzenden Philologie ist nur noch eine verstotterte Litanei übriggeblieben.«

Auf Seite 1 dieser *Zeit* nach der Herzog-Wahl gab es dann noch zwei Überschriften, die zeigen, wie enttäuscht das linke Medienkartell über die eigene Wirkungslosigkeit war:

»Wahl der Enttäuschungen« – gemeint die Nicht-Wahl Raus.

»Ein merkwürdiges deutsches Pathos« – gemeint Herzogs Sprache. Und, wie bei Heitmann, entdeckte das Kartell das Reaktionäre auch bei Herzog, dessen Ehefrau Christiane gesagt hatte: »Die schönste Aufgabe für Frauen überhaupt ist die Kindererziehung.«

Auch der *Spiegel* zahlte es dem Herzog heim, den Deutschen ausgerechnet Unverkrampftheit ans Herz zu legen. Er drehte das postwendend um.

Der Titel des Kampagnenblatts am 6. Juni 1994 zeigte den Deutschen als rotbezipfelten Gartenzwerg mit der Titelzeile »Wir, die Deutschen – Eine verkrampfte Nation«.

Auf einer 14-Seiten-Langstrecke des Blatts weist *Spiegel*-Redakteur Jürgen Leinemann das »verquere Selbstverständnis der Deutschen« (und Herzogs) zurück.

Wie bei Heitmann sind sofort jene ferngelenkten Polit-Kabarettisten vor der Gummilinse und spulen wie bestellt die vorgefertigten Parolen ab. Nach der Wahl agierte die ARD-*Nachschlag*-Propagandistin Kroymann jenseits allen Kabaretts: »Unser neuer Bundespräsident hat gesagt... also zum Rechtsradikalismus hat er nichts gesagt.«

Der *Rheinische Merkur* kommentierte am 27. Mai 1994: »Und kaum waren die letzten Klänge der Hymne verhallt, wurden eifrig Stimmen eingeholt, die Roman Herzogs kurze Rede giftig kommentierten. Wieder einmal wurde dem Zuschauer vorgeführt, was Medieninszenierung ist.«

Weiter der *Rheinische Merkur*: »Die ARD führte noch am späten Abend – vor der Wahl – einen Berliner Wahlmann der FDP vor, den ein Team vom Frühstückstisch weg begleitet hatte. Er werde Rau wählen, sagt er, damit er am Dienstagmorgen noch vor seine ausländischen Mitarbeiter treten könne. Ein skandalöser Satz, der kommentarlos über den Sender ging.«

Nachdem nichts mehr an Roman Herzogs Wahl zu ändern war – und Klose seine SPD zurückpfiff –, änderte das linke Medienkartell über Nacht auf einen Schlag die Taktik:

Herzog wurde – zunächst – aus dem medienpolitischen Verkehr gezogen, (fast) alle Polemik wider ihn – vorübergehend – eingestellt und – vorerst – volle Front gegen die FDP gemacht. Den elektronischen Feldzug gegen diese eröffnete diesmal das ZDF am Dienstag nach der Wahl, am 25. Mai 1994 mit der Sendung *Was nun, Herr Kinkel*? ZDF-Chefredakteur Bresser von der SPD ging den FDP-Politiker Kinkel nicht mit einer Frage an, sondern mit der polemischen Behauptung aus der Propagandakiste der angeschlagenen SPD: »Es ging allein um Machterhalt. Sie wirken als Anhänger der Union. Mit dieser Kanzlertreue stärken Sie zweifellos die Koalition, aber schwächen Sie nicht Ihre eigene Partei?«

Bresser weiter: »Erscheint die FDP dadurch nicht überflüssig? Wird sie eigentlich gar nicht mehr gebraucht?« – Scharping speaking.

Die HR-Chefredakteurin Luc Jochimsen stellt sich in der ARD-Sendung *Farbe bekennen* am 25. Mai 1994, in der Scharping nach der Wahl-Schlappe antritt, hin und leistet dem SPD-Kanzlerkandidaten unverdeckte Wahlhilfe. O-Ton Jochimsen: »Also, der Regierung kann man sicherlich einen ganz langen Katalog an Versagen nachweisen.«

Und was sagte Scharping dazu: »Ich stimme Ihnen zu.«

Wer hätte das gedacht – zu wahr, um schön zu sein.

Die Filbinger-Hatz

Dieser Kampagnenjournalismus ist natürlich überhaupt nicht neu. Hans Filbinger, einst erfolgreichster Ministerpräsident der CDU, wurde auf ganz ähnliche Weise publizistisch liquidiert. In seinem Buch *Die geschmähte Generation* (3. Auflage 1994) schildert Filbinger, wie ihn *Spiegel* und *Zeit* wegen angeblicher Todesurteile als »NS-Richter« diffamierten. In sechzehn (!) *Spiegel*-Ausgaben mit zusammen sechzig Seiten wurde Filbinger angegriffen und systematisch demontiert. Die *Zeit* übertraf den *Spiegel* sogar noch mit fünfundsechzig Seiten Filbinger-Hatz.

Es folgte der *Vorwärts* mit 14 Ausgaben, der *Stern* mit 12 Ausgaben und 34 Seiten. Im Verbund mit *Spiegel*, *Zeit* und *Stern* zudem *Frankfurter Rundschau*, *Süddeutsche Zeitung*, *WDR*, *Tagesschau*, *Panorama*.

»KZ-Baumeister Lübke«

Und dazu – natürlich – die gesamten SED-Medien der damaligen DDR, die ja schon Jahre vorher mit stasigefälschtem Material – wie wir heute wissen und damals zutreffend ahnten – über den *Stern* den ehemaligen Bundespräsidenten Lübke als ... »KZ-Baumeister« diffamiert hatten.

Neues Deutschland, *Junge Welt*, *Tribüne*, die alten SED-Regionalzeitungen von der *Hallenser Freiheit* bis zur *Leipziger Volkszeitung*, *Radio DDR*, Karl Eduard von Schnitzler im *Schwarzen Kanal* des SED-Fernsehens etcetera.

Die ideologische Kooperation der SED-Medien mit dem linken Medienkartell hierzulande war zwar nicht nur eine Stasi-Stiftung, die noch der näheren Untersuchung bedarf – wie etwa die immer lauter werdenden Forderungen aus diesem linken Medienkartell und seiner politischen Überzeugungs-Kameraden nach Einstellung der Stasi-Enthüllungen verdeutlichen.

Aber nicht die gelenkten MfS-Medien sind das eigentliche Thema: Viel erschreckender war (ist) die Übereinstimmung der weltanschaulichen Dogmen in West und Ost – Theo Sommers makabre *Reise ins andere Deutschland* mit einem Vorwort von Helmut Schmidt legt davon ein ebenso beredtes Zeugnis ab wie Günter Gaus: *Wo Deutschland liegt* (1986).

Sommer erging sich in Schwärmereien über die DDR, in der aus dem »tröpfelnden Motorverkehr von ehedem mittlerweile ein reißender Strom geworden ist ...

heutzutage gibt es ziemlich alles in der DDR ...

die DDR ist eine einzige Großbaustelle ...

das Verhältnis zwischen Volk und Obrigkeit ist entspannter als je zuvor. Die Bürger sehen, daß es vorangeht ...«

Theo Sommer scheute sich damals nicht im geringsten, den ideologischen Einpeitscher der DDR, Kurt Hager, als »heiteren älteren Herren« vorzustellen, »der die Jahre der Rücksichtslosigkeit weit hinter sich weiß«.

Henryk M. Broder hat am 30. März 1994 in *Die Woche* auf zwei Seiten *(Mit ergebenem Gruß)* dokumentiert, wie Theo Sommers PR-*Zeit*-Reise in die SED-Diktatur organisiert wurde und wie sehr die SED mit dem Resultat dieser SED-Reklame-Tour zufrieden war.

Und so nimmt es im nachhinein auch nicht Wunder, daß eben dieser Theo Sommer auch den Tiefpunkt der Agitprop-Jagd auf Hans Filbinger markierte.

Theo Sommer, früher Napola-Schüler*, heute *Zeit*-Herausgeber, schäumte über Hans Filbinger: »Ein Blutordensträger hätte Hitler nicht besser bedienen können.« *Zeit*-Herausgeber Bucerius entschuldigte sich dafür bei Hans Filbinger. Nur: Hans Filbinger mußte – wie später Heitmann – aufgeben. Theo Sommer aber blieb. Und – mit ihm – offenbar auch die Methode der Diffamierung.

Auschwitz-Lüge der *Zeit*

So hat sich die stets mit hanseatischem Appeal auf seriös gelayoutete *Zeit* am 25. März 1994 nicht gescheut, in ihrem allwöchentlichen Dossier – offenbar ungeprüft – zu behaupten, das von Hans Filbinger geführte »Studienzentrum Weikersheim« habe sich mit der Auschwitz-Lüge (korrekt muß es heißen: Auschwitz-Leugnung) beschäftigt, obschon es für die *Zeit* ein leichtes gewesen wäre, zu eruieren, daß dieses Thema niemals im Studienzentrum Weikersheim behandelt worden war.

Interessant indessen, wie die – sicherlich hochwillkommene – Falschmeldung in das Blatt der deutschen Edel-Linken geraten ist: Die *Zeit*-Geistler hatten diese gezielte und offenbar auf der Linie des Blatts liegende Denunziation des Weikersheimer Studienzentrums ausgerechnet

---

* *Napola* – Abk. für Nationalpolitische Erziehungsanstalten, in denen das NS-Regime die Elite für den Hitler-Staat heranbildete. Die Napolas unterstanden der SS. Der heutige *Zeit*-Herausgeber Theo Sommer war ebenso Napola-Zögling wie Werner Holzer, bis 1992 Chefredakteur der *Frankfurter Rundschau*

der kryptokommunistischen Agitprop-Postille »*Rechter Rand* – Zeitschrift von Antifaschisten für Antifaschisten« entnommen und ohne nähere Verifizierung bezeichnenderweise in einem Teil des Blatts untergebracht, der auch noch mit dem Titel *Dossier* (also zu deutsch: Amtsblatt) dem Leser so ewas wie eine amtliche Feststellung suggeriert.

Die postkommunistische PDS machte den »Vorfall« zum Gegenstand einer Anfrage im Deutschen Bundestag (Drucksache Nr. 12/5680), die freilich als Rohrkrepierer für die PDS endete – eben weil nichts dran war. Bezeichnend, daß hier wieder einmal die stets um die Terroristen von PKK und RAF besorgte (vgl. Holger Lösch: *Bad Kleinen*) PDS-Bundestagsabgeordnete Jelpke am Werke war.

Am 25. März 1994 hatte die *Zeit* das gefälschte Stück gedruckt – nach acht Wochen erst bequemte sich das Blatt, eine kaum zu ortende Zehn-Zeilen-Gegendarstellung aus der Feder Hans Filbingers, versteckt in einem *Dossier* auf Seite 17, abzudrucken – von zahllosen Lesern, die den Dossier-Schwindel groß gelesen hatten, nun ob der Verzwergtheit der Gegendarstellung überlesen.

Das gleiche Ritual der Denunziation erlebte Anfang 1994 der zur *Welt* als Chef der »Geistigen Welt« gewechselte ehemalige Cheflektor des Ullstein-Verlages, der Historiker Rainer Zitelmann, dessen publizistische Aktivitäten der deutschen Linken schon lange ein Dorn im Auge sind.

Man befürchtete, daß Zitelmann, der schon mit dem Ullstein-Programm eine Offensive gegen den linken Zeitgeist gestartet hatte, nun auch Einfluß auf eine der großen Tageszeitungen gewinnen würde.

Vor allem behauptete man immer wieder, Zitelmann

organisiere Meinunskartelle und Absprachen unter rechten Journalisten, Politikern und Wissenschaftlern. Angesichts des durchorganisierten linken Medienmonopols ist diese Behauptung natürlich allzu durchsichtig: Man versucht auch nur die kleinste Möglichkeit eines Gegenwirkens im Keim zu ersticken, weil man die Wirksamkeit von Netzwerken im medialen Bereich aus eigener Erfahrung nur zu genau kennt. Die Linke fürchtet nichts mehr als das Entstehen einer Solidarität im Lager der Konservativen, da sie selbst stets erfolgreich nach der Parole agiert hat: Einen Finger kann man brechen – fünf Finger sind eine Faust.

Konservative Journalisten werden nur so lange akzeptiert, wie sie die vom linken Medienkartell vorgegebenen Spielregeln einhalten. »Nischenkonservative«, die sich zuerst einmal dafür entschuldigen, daß sie selbst nicht links denken, bevor sie ihre Meinung äußern, können der Linken nicht gefährlich werden. Deshalb bekämpfte und bekämpft man mit soviel Eifer selbstbewußte Konservative oder demokratische Rechte wie Heinz Klaus Mertes, Andreas Bönte, Rainer Zitelmann, Michael Wolffsohn und Herbert Fleissner. Daß durch die linken Kampagnen aber ein Zusammengehörigkeitsgefühl der Diffamierten und Ausgegrenzten entsteht, das die Keimzelle einer wirksamen Solidarität sein könnte, ahnt man wohl. Da hilft dann nur noch die »Faschismuskeule«, die dazu dienen soll, einen Spalt zwischen die demokratischen Rechten zu treiben.

Die Medien der schweigenden Mehrheit

Natürlich gibt es Medien, die sich gegenüber dem herrschenden linken Medienkartell ihre Unabhängigkeit bewahrt haben und sich dem Diktat der vierten Gewalt verweigern:

Die *FAZ, Welt am Sonntag, Handelsblatt, Rheinischer Merkur,* Wirtschaftsmagazine – und seit 1993 allen voran auch Burdas Newsmagazin *Focus,* das dem *Spiegel* durch den von *Focus* verursachten Verlust des publizistischen Alleinvertretungsanspruches bei den Newsmagazinen schwer zu schaffen macht. Dazu natürlich zahlreiche Regionalblätter und Lokalzeitungen.

Gar nicht zu überschätzen ist die Rolle von *Bild.* Das Vier-Millionen-Blatt mit mehr als zwölf Millionen Lesern täglich artikuliert schon so etwas wie Volkes Stimme, weil die Redaktion täglich aufs neue gezwungen ist, die 4,2 Millionen Käufer am Kiosk zum Kauf des größten europäischen Boulevardblatts zu bewegen. Es gibt kein Abonnement – und schon gar keine Gebühren.

Das Massenblatt muß finden, was die lesende Mehrheit im Lande bewegt, umtreibt, fasziniert. *Bild* muß den Nerv treffen, sonst bleibt das Blatt liegen.

Und *Bild* muß stimmen. Alle Wachtposten des linken Medienkartells verfolgen noch vor der *FAZ* (dem »politischen Hauptfeind der Linken«, so Erich Kuby) hypnotisch bis hysterisch *Bild,* das sie jahrzehntelang vergebens als »Lügenblatt« *(Stern)* zu diffamieren suchten.

Ganze Anwalts-Etagen des Medienkartells stehen stramm und suchen Tag für Tag mit spitzen Fingern in *Bild* nach Fehlern, Flops und Falschem. *Bild* muß stimmen. Stimmt es nicht, hagelt es Klagen. Kein Blatt ist gezwungen, schneller und härter zu recherchieren. 4,2 Millionen Leser müssen korrekt bedient werden. Kein Blatt wird ob dieses Massenkonsums mehr beäugt, befehdet und beneidet als *Bild*.

Hat Kohl eine positive Schlagzeile auf Seite 1, tobt die SPD. Hat Scharping eine positive Schlagzeile auf Seite 1, fragt sich Kohls Medien-Berater Fritzenkötter: Was habe ich falsch gemacht?

Die Kommentare in *Bild*, kurz und knallhart zur Sache, müssen Volkes Meinung erreichen.

Erste-Klasse-Journalisten von Herbert Kremp bis Jens Feddersen kommen hier zu Wort und werden von der Nation (und allen Journalisten) gelesen.

Mittlerweile haben ganze Parteivorstände begriffen, daß ohne *Bild* in den Medien nichts geht. Die politischen Prominenzen stehen deshalb seit langem bei *Bild* Schlange, um im Millionenmedium zu Wort zu kommen oder wenigstens einmal gelobt zu werden.

Bild hat sich ob seiner Leser-Massen seine Unabhängigkeit vom linken Medienkartell erhalten können und sich zudem zum Generalblatt der schweigenden Mehrheit entwickelt. Von *FAZ* bis *Focus*, *Welt am Sonntag* bis *Bild* – diese Medien konterkarieren das linke Medienkartell durch investigativen Journalismus, der sich der kollektiven Verabredung ideologisch motivierter Publizistik entzieht. Sie sind so etwas wie das unverabredete Medium einer politischen Mitte, gegen den Einfluß des linken Medienkartells partiell immunisiert.

Auch die privaten Rundfunk- und Fernsehmedien entziehen sich teilweise dem Vernetzungswerk des Kartells.

In RTL, Sat 1 oder Pro 7 entstehen Nachrichten und Sendeformen, die dem modernen und investigativen Journalismus zuzurechnen sind. So das von Heinz Klaus Mertes bei Sat 1 entwickelte *News Magazin*, die politische

Sonntagsmittagssendung namens *Also* sowie *Zur Sache Kanzler* – der erste TV-Platz, an dem sich der Kanzler nicht von linken Akteuren verschaukelt fühlt.

Dann gibt es noch die coole Professionalität eines Stefan Aust, der wohl das einzige wirklich telegene Magazin im Lande auf der Basis des anglo-amerikanisch geschulten investigativen Journalismus zuwege brachte: *Spiegel-TV* bei RTL, kapriziert auf Tatsachen und manches Mal (leider nicht immer) auf erstaunliche Weise unabhängig von den weltanschaulichen Vorgaben des *Spiegel*. Aust erwarb sich beispielsweise mit seinen kritischen Berichten über den IM-Sekretär Manfred Stolpe bleibende Verdienste.

Die News-Sendungen der privaten Sender, also *RTL Aktuell*, *Sat 1-Newsmagazin* und *Pro 7 Nachrichten* bannen zusammen sieben bis zehn Millionen Zuschauer auf ihre Kanäle, die sich so der ARD/ZDF-Indoktrination entziehen. Wenn die Privaten alsbald ihren Plan realisieren, das Hauptprogramm schon um 20 Uhr zu starten, also zur *Tagesschau*-Zeit der ARD, wird die *Tagesschau*, führende Newssendung im Lande, weitere Zuschauer verlieren – oder ihre News entideologisieren und dem latenten Einfluß der Parteien und vor allem der IG Medien entziehen müssen.

RTL hat überdies ein Frühstücksfernsehen entwickelt, *Guten Morgen Deutschland*, das sorgfältigen Journalismus und publizistisch-politische Ausgewogenheit demonstriert, also genau das, wozu öffentlich-rechtliche Sender verpflichtet sind – die aber dieser Verpflichtung nicht entsprechen.

Sowohl ARD wie ZDF haben ihre Morgensendungen – mit wenigen Ausnahmen – mit ideologisch vorsortierten Semijournalisten besetzt, bei denen Meinung, Tendenz und Weltanschauung die Vorfahrt vor Informationen haben. Bei RTL dagegen kann der Zuschauer zu allen aktuellen und brisanten politischen Themen von morgens 5 Uhr 30 an zum Beispiel die Sprecher aller Parteien zu den anstehenden Themen live hören; und zwar nicht in gestelzten Monologen, sondern journalistisch perfekt abgefragt – die Monotonie und Einäugigkeit der ARD- und ZDF-Magazinjournaille ist hier durch die gebotene Meinungsvielfalt ergänzt.

Bei den RTL-Kommentatoren stehen sich Wertkonservative und demokratische Rechte wie Michael Wolffsohn, Brigitte Seebacher-Brandt, Ulrich Schacht und Linke und Ultralinke wie Günter Gaus mühelos gegenüber – und in der Mitte steht Jens Feddersen.

Die politischen Highlights und Pointen bettet die *Guten Morgen Deutschland*-Redaktion von Montag bis Freitag dreieinhalb Stunden lang in ein rasch wechselndes, breites Programm von News und Backgroundinformationen, Unterhaltung und exklusiven Reports, gleichermaßen gerichtet an die multiplizierende Info-Elite wie das große Publikum, das aufs Frühstücksei klopft oder sich den Rasierschaum von der Backe wischt. Auf diesem Programmplatz hat RTL einen telegenen Mix realisiert, der sich jeder ideologischen Bevormundung und Vernetzung (wie im linken Medienkartell Usus) entzieht.

Natürlich: Es gibt unabhängige, korrekte und investigativ orientierte Moderatoren und Kommentatoren auch querbeet durch ARD und ZDF – von Sigmund Gottlieb und Gerhard Fuchs über Jörg Hafkemeyer und Andreas Bönte bis zu Sabine Christiansen und Wolf von Lojewski, die partei- und ideologiefreien Tatsachen-Journalismus anstreben.

Aber diese Journalisten bilden bislang eine Minderheit

gegenüber den Kompanien parteigelenkter, parteiergebener Ideologie-Journalisten, die Jens Feddersen als die Personifizierung des rotgrünen Geflechts an der Redakteursbasis der Sender bezeichnete. Hier werden täglich wie stündlich die programmatischen Sendeentscheidungen vor Ort gemacht (und eben nicht in den Intendanzen und Direktionen, die nur nachträglich absegnen können, was ihnen die linke Basis auf den Tisch legt.

Diese Minderheit wird sich jedoch in dem Maße entwickeln, wie ihre Klientel – also der pragmatische Informationsbürger einer jungen, technophilen Leistungsgeneration – in den Berufsalltag wächst und dort die ideologieorientierte Stammkundschaft des linken Medienkartells ablöst.

Neben den erwähnten gedruckten Medien werden die privaten TV- und Hörfunk-Medien, allen voran RTL, Sat 1 und Pro 7, diesem Generationswechsel durch investigativ orientierten Journalismus entsprechen.

Auch am Printmarkt werden nach *Focus* neue Blätter entstehen – etwa das bei Gruner & Jahr projektierte *Tango* – die dem Infobedürfnis der computergeschulten Tatsachen-Generation entsprechen: kurz, schnell, schön und vor allem ideologiefrei auf Info kapriziert.

Das unkontrollierte Radio

Bislang aber sitzt eine tausendköpfige Redakteursbasis vor allem fest in den fünfzig Radioprogrammen der elf ARD-Hörfunksender – neben *Deutscher Welle* und dem *DeutschlandRadio*.

Deren Sende-Potenz von mehr als 22,5 Millionen Minuten Programm per annum entzieht sich total der Kontrolle durch die kritische Öffentlichkeit – vor allem die zehn Millionen Wort-Sendeminuten, von denen wiederum über drei Millionen Minuten allein politischen Themen gewidmet sind.

Die eingesetzten Kontrollgremien, Rundfunkräte, sind zur Kontrolle nicht befähigt, weil sie dazu schlicht keine Zeit haben. Sie sehen kaum fern, geschweige denn, daß sie gezielt und regelmäßig Radio hören.

Dieses monströse Rundfunk-Beeinflussungs-Potential kommt in kritischen Medienbeobachtungen kaum, und wenn, dann nur unzureichend vor. Es gibt in den Zeitungen keine regelmäßigen politischen oder medienkritischen Rundfunkkritiken. Die Hörfunk-Kolumnen solcher Zeitungen wie *Süddeutsche* – die als einzige überregionale Tageszeitung dem Rundfunk viel Raum widmet –, *Frankfurter Rundschau* oder *FAZ* erschöpfen sich im wesentlichen in kulturkritischen Anmerkungen, zuweilen werden Hörspiele oder Features unter die Lupe genommen.

Die Aussagekraft dieser radiokritischen Veröffentlichungen erschöpft sich somit esoterisch im literatur- und kulturkritischen Bereich, der – wie die Untersuchungen ergeben – ohnehin von der linken Mehrheit der auf Zeitgeist fokussierten Berichterstatter in den Zeitungen okkupiert worden ist.

Unwidersprochen, unbeleuchtet und unbegleitet sind dagegen die Nachrichten, Politmagazine und sonstigen politischen Sendungen der Radiostationen, die sich quer über den ganzen Tag legen und Millionen Zuhörer systematisch und nachhaltig beeinflussen.

Der Mainzer Professor für Publizistik, Hans Matthias Kepplinger, hat in seinem Standardwerk *Die aktuelle Berichterstattung des Hörfunks* schon 1985 eine repräsentative Analyse der Abendnachrichten und politischen Magazine erarbeitet – anhand der Tonaufzeichnungen von 11986 Beiträgen in den Morgen- und Abendnachrichten sowie der abendlichen politischen Magazine der ARD-Hörfunkprogramme ohne *Deutsche Welle* und *RIAS Berlin*. Diese Aufzeichnungen wurden 1983 über sechzehn Wochen hinweg mit den Meldungen verglichen, welche die vier überregionalen Tageszeitungen *(SZ, FR, FAZ* und *Welt)* in jenem Zeitraum auf Seite 1 druckten.

Neben einer allgemeinen linksstehenden Hörfunkpolitik in den Magazinen und News – im Unterschied zu dem abgestuften Links-Rechts-Spektrum in den zum Vergleich herangezogenen Tageszeitungen – förderte Kepplingers Analyse, die die ARD zu heftigem Widerspruch (d. h. Bestätigung) provozierte, zutage, daß die ARD-Sender eine eindeutig linkslastige Berichterstattung praktizieren und demzufolge dem Zuhörer ein Informationsdefizit zumuten.

Typisch für die ARD-Sender war die Übernahme aller Themen-Vorgaben der »Friedensbewegung« gewesen – an dieser Übernahme vorgegebener Kampagnenthemen etwa via *Spiegel* hat sich bis heute nichts geändert.

Der damaligen Kritik der ARD an Kepplingers Analyse entgegengesetzt, die wörtlich als »unbrauchbar und wertlos« pauschal abqualifiziert wurde, als »methodisch unseriös«, hat sich nun eine späte Bestätigung der Korrektheit dieser Untersuchung eingestellt.

Im Mai 1994 veröffentlichte *Media Perspektiven*, das medienwissenschaftliche Organ der ARD (!), eine Untersuchung von Siegfried Weischenberg, Martin Löffelholz und Armin Scholl, mit der auch Feddersens Behauptung vom rotgrünen Beziehungsgeflecht in den öffentlich-rechtlichen Rundfunkanstalten nachgewiesen wird.

Nur 4 Prozent neutrale Journalisten

So listet *Media Perspektiven* auf, wie sich die Journalisten politisch selbst einschätzen.

Es wurden im Frühjahr 1993 1498 Journalisten von 36 000 festangestellten und 18 000 freien Journalisten in Deutschland befragt.

Dabei ergab sich diese Hitparade der politischen Selbstbekenntnisse:

1. Links-liberal . . . . 21,4 Prozent
2. Liberal . . . . 19,3 Prozent
3. Sozialdemokratisch . . . . 16,4 Prozent
4. Grün-alternativ . . . . 9,8 Prozent
5. Christlich-demokratisch . . . . 8,1 Prozent
6. Rechts-liberal . . . . 4,6 Prozent
7. Sozialistisch . . . . 3,2 Prozent
8. Konservativ . . . . 2,4 Prozent

Die erstaunlichste Prozentzahl: Als politisch neutral bekannten sich lediglich vier Prozent – eine peinlichere Absage an die hehren Ideale des Journalismus läßt sich wohl kaum beziffern. Wohlgemerkt: Dies sind Zahlen, die unter Journalisten aller Medien ermittelt wurden. Unter Fachleuten ist es kein Geheimnis, daß in ARD und ZDF das linke Obergewicht noch viel stärker ist.

Insider geben den Anteil der rot-grün orientierten Redakteure in den öffentlichen Hörfunksendern mit 80 Prozent an. Bliebe zu fragen, wer denn die Mehrheit der Bevölkerung in den Sendern vertritt.

Die verschwiegene *Bild*-Zeitung

Aufschlußreich auch die in dieser Untersuchung gefundene Aufschlüsselung der von den Journalisten regelmäßig genutzten Medien:

1. *Spiegel* .... 66,7 Prozent
2. *Süddeutsche Zeitung* .... 46,6 Prozent
3. *Stern* .... 37,1 Prozent
4. *FAZ* .... 36,2 Prozent
5. *Die Zeit* .... 34,4 Prozent
6. *Focus* .... 29,3 Prozent
7. *Taz* .... 24,5 Prozent
8. *Frankfurter Rundschau* .... 23,2 Prozent
9. *Die Welt* .... 22,2 Prozent
10. *Bild* .... 21,8 Prozent

Mit anderen Worten: *Spiegel, Süddeutsche Zeitung, Taz* und *Frankfurter Rundschau* beherrschen die Informations- und Beeinflussungszene mit absoluter Mehrheit – die *FAZ* wird von den linken Journalisten nach eigenem Bekenntnis vor allem »zum Kennenlernen der Feindmeinung« (Ex-*Taz*-Chef Michael Sontheimer) gelesen

Allerdings: Bei den Selbstangaben der Journalisten darüber, welche Blätter sie für ihre Informationspflege am ehesten lesen, haben wohl die meisten die *Bild*-Zeitung aus durchsichtigen Gründen verschwiegen.

Kaum ein Journalist, der nicht den Tag mit der Lektüre von *Bild* beginnt.

Nach dem alten Doppelmoral-Motto »Wasser predigen, Wein trinken« handeln viele Journalisten, die *Bild* öffentlich verfluchen und heimlich lesen. Auch bei *Spiegel-TV* ist *Bild* täglich als erstes Blatt vergriffen, während die *Frankfurter Rundschau* unberührt in den Nachmittag hineinschimmelt.

Sicherlich ändert das nichts an der Informationsqualität von *Spiegel*, *Focus* oder *FAZ*, aber es verändert doch gewaltig das Informationstempo, das auf der deutschen Zeitungsszene nahezu von *Bild* allein bestimmt wird.

Magazine wie *Spiegel*, *Stern*, *Focus* sind ohnehin durch lange Vordruckzeiten schon Tage vor dem Handel redaktionell abgeschlossen – überdies gibt es keine zweite Tageszeitung, die so schnell von der Nachrichtenübermittlung bis zum Druck arbeitet wie *Bild*.

Bei *Tagesschau* noch in der ersten Reihe

Bei den Journalisten der zitierten Umfrage sieht die Nutzung der Nachrichtensendungen des Fernsehens in der Rangfolge so aus:

1. ARD-*Tagesthemen* . . . . 61,7 Prozent
2. ARD-*Tagesschau* . . . . 55,5 Prozent
3. ZDF-*heute-journal* . . . . 43,7 Prozent
4. ZDF-*heute* . . . . 38,0 Prozent
5. Vox-Abendnachrichten . . . . 21,2 Prozent
6. n-tv-Abendnachrichten . . . . 20,3 Prozent
7. RTL *aktuell* . . . . 15,1 Prozent
8. Sat 1-*News* . . . . 7,3 Prozent

Eine unbeantwortete Frage dieser Mediennutzungs-Analyse ist aber: Wie viele Journalisten in *Tagesschau* und *Tagesthemen*, die wie beschrieben den Informationsmarkt der Journalisten elektronisch beherrschen, wie viele von diesen *Tagesschau*-Mitarbeitern orientieren sich überwiegend am *Spiegel*?

Das weist die Untersuchung der ARD natürlich nicht aus. Der langjährige Chefredakteur von ARD aktuell und damit Chef von *Tagesschau* und *Tagesthemen*, Henning

Röhl – heute Fernsehdirektor des MDR – sagt dazu: »Alle. Ohne *Spiegel* findet nichts statt. Er ist die Informationsquelle Numero 1 für durchweg alle ARD-Aktuell-Mitarbeiter – weit vor allen übrigen Medien außer *Bild*.«

Die ARD-Analytiker ergänzen das in *Media Perspektiven* durch die folgenden interessanten Beobachtungen, die sich einer breiteren Öffentlichkeit sicherlich bislang entzogen haben: »Im Zusammenhang mit der häufig aufgestellten Hypothese, Journalisten orientierten sich bei ihrer Arbeit vor allem an Journalisten, wurde auch erhoben, an welchen (anderen) Medien sich Journalisten primär orientieren und wie ihr Bekannten- und Freundeskreis zusammengesetzt ist. Zum engeren privaten Bekanntenkreis gehören – bei 84,3 Prozent der Befragten – Journalisten...«

Und weiter: »Wenn angenommen wird, daß von Journalisten regelmäßig genutzte Medien eine Art innerjournalistischer Meinungsführer darstellen, dann kann – im Bereich der Printmedien – das Nachrichtenmagazin *Der Spiegel* mit weitem Abstand als wichtigstes Orientierungsmedium gelten: Zwei Drittel aller Journalisten geben an, diese Zeitschrift regelmäßig zu nutzen...«

Trifft natürlich zu – bis auf den geschickt verwaschenen Begriff des *Spiegel* als eines angeblichen Orientierungsmediums statt der zutreffenderen Einordnung als medienpolitischen Kampagnenstifters und Meinungsmanipulators – politisch und ideologisch läge hier der Begriff »Desorientierungsmedium« doch näher – siehe Bad Kleinen.

Ideologische Unterwanderung

Keine Frage: Die Mehrheit der deutschen Journalisten arbeitet korrekt im guten Glauben an ihre Informationsverpflichtung (neben der unbestrittenen Informationsqualität großer Teile des *Spiegel).*

Aber in einem Land, das in fünfzig Jahren von zwei Diktaturen heimgesucht wurde und kaum Gelegenheit hatte, den investigativen Journalismus der Demokratie kennenzulernen, ständig den Anfechtungen ideologischer Unterwanderung durch braune und rote Kampagneros ausgesetzt war – in dieser weltanschaulich verminten Medien-Landschaft haben es selbst aufrechte Journalisten schwer, sich auf Dauer durchzusetzen.

Vierzig Jahre zu lang wurde jeder von Axel Springer bis Gerhard Löwenthal oder Lothar Loewe als »kalter Krieger« denunziert, der es nur wagte, sich den trügerischen Botschaften des Kommunismus zu verweigern – geschweige denn sie offensiv zu kritisieren. Sie wurden als sogenannte Hardliner abqualifiziert und von ARD und ZDF mit System ausgeschwitzt.

Wer gegen die ungeschriebenen – und vor allem gegen die von der IG Medien geschriebenen – Statuten und Thesen des linken Mediensystems verstößt – oder sich ihnen verweigert –, hat seine publizistische Karriere in ARD oder ZDF fast immer hinter sich.

Heinz Klaus Mertes wurde ob seiner Kritik an dem Stasi-verstrickten Manfred Stolpe und dem zwielichtigen Einschleichjournalisten Günter Wallraff in *Report München* beispielsweise so lange selbst im Bayerischen Rundfunk und in der ARD malträtiert, bis er zum privaten Fernsehen, zu Sat 1, wechselte.

Das linke Medienkartell hatte Mertes nie verziehen,

daß er es war, der mit seinem Buch *Ali. Phänomene eines Bestsellers* 1986 als einziger den waghalsigen Versuch unternommen hatte, die makabren publizistischen und pseudoliterarischen Praktiken des Agitations-Artisten Wallraff anzuprangern.

Seitdem hat Mertes die mit Abstand schlechteste linke Presse im Lande, die ihn allerdings nicht mehr totzuschweigen vermag, da Mertes bei Sat 1 in Personalunion als Programmdirektor und Chefredakteur eine sorgfältige Linie investigativen TV-Journalismus vorgibt.

Außerdem hat Mertes Schule gemacht. Andreas Bönte und Holger Lösch, seine Nachfolger bei *Report München*, zeigen, daß auch in der ARD kritischer Journalismus möglich ist. Wie auch *Focus* und *FAZ* hielten die beiden den von *Spiegel* und *Monitor* gelieferten Zerrbildern über Bad Kleinen die Realität entgegen: den Selbstmord von Grams, nachdem er den Sicherheitsbeamten Michael Newrzella ermordet hatte.

Holger Lösch veröffentlichte zudem am Jahrestag der Ereignisse von Bad Kleinen eine Dokumentation: *Bad Kleinen – ein Medienskandal und seine Folgen* – eine auf den Punkt kommende Demaskierung dessen, was *Monitor* und *Spiegel* aus der Affäre zu machen versuchten: einen imaginären Gespenstermord an dem Politgangster Grams durch GSG-9-Beamte.

Monitor hatte dafür einer offenbar verzwirrten »Zeugin« die Aussage entlockt – und millionenfach einem erstaunten Publikum tatsächlich vorgeführt –, sie habe gesehen, wie der hilflos daliegende Grams in den Kopf geschossen worden sei. Vor der Staatsanwaltschaft berichtete diese Zeugin namens Baron dann, sie habe das nie gesagt, habe auch dem Reporter widersprochen, als der es protokollierte – Klaus-Bednarz-Journalismus pur.

Und der *Spiegel,* dessen Top-Mitarbeiter Hans Leyendecker einen weiteren »Zeugen« aufgetan hatte, der eine unglaubliche Geschichte erzählte: Zwei GSG-9-Beamte hätten den wehrlosen Grams regelrecht exekutiert.

Lösch schildert en detail, wie der *Spiegel* – ohne jede gesicherte Information außer der durch nichts bewiesenen Bekundung des Leyendecker-Zeugen – dann am 5. Juli 1993 das Blatt mit einem unscharfen Foto von Grams aufmachte, über das der Blattgrafiker ein Fadenkreuz wie in einem Zielfernrohr gezeichnet hatte, gerichtet auf die Gesichtsmitte von Grams. Darunter in großen gelben Lettern die suggestive Zeile *Der Todesschuß* – Manipulation in Perfektion.

Lösch in seinem Buch über die gerühmte *Spiegel*-Sorgfalt: »Die aufgeschreckte Reaktion der Politik, das scheinbar verdächtige Obduktionsergebnis und die *Monitor*-Zeugin, all das besänftigte die Zweifel, die Hans Leyendecker gehabt haben mag. Hans Leyendecker beschloß, seinem Zeugen zu glauben. Dieser versprach ihm, sich auch der Staatsanwaltschaft zu offenbaren. Leyendecker holte sich Rückendeckung bei einem seiner Ressortleiter. Bei der Staatsanwaltschaft in Schwerin fragte er nicht nach. Er informierte auch keine anderen staatlichen Stellen und konfrontierte sie mit der Aussage seines Zeugen.«

Dennoch druckte der *Spiegel* den Titel. Und danach ging die Sache wie gewohnt in den Medienverbund des Kartells. Am Abend des *Spiegel*-Montags trat Leyendekker wie ferngelenkt als Gesprächspartner von Ulrich Wikkert in den *Tagesthemen* auf, um die Wahrhaftigkeit seines Zeugen zu bekräftigen. Die Bad-Kleinen-Hysterie war perfekt: Rücktritte, Entlassungen. Der *Spiegel*, so die *FAZ* »trieb die Sicherheitsbehörden mit einem anonymen Zeugen vor sich her.«

Lösch legt überzeugend dar, daß der geheimnisvolle Zeuge – wenn es ihn denn überhaupt gibt – sowohl seinen journalistischen Gesprächspartner Leyendecker als auch die Staatsanwaltschaft belogen hat und seine Aussage erfunden haben muß.

Auch nachdem alle Untersuchungen, von neutraler Schweizer Seite, unabhängigen Gutachtern und wissenschaftlichen Instituten unzweifelhaft jede Fremdbeteiligung an dem Tod von Grams widerlegt hatten, haben sich weder *Spiegel* noch *Monitor* zu einer Korrektur oder gar zu einer Entschuldigung bequemt. Ganz im Gegenteil: Es werden weiter Zweifel am Selbstmord von Grams gesät. Das linke Medienkartell mit *Monitor* und *Spiegel* zieht sich ohne Dementi ihres Bad-Kleinen-Horrors mit falschen Zeugen aus der Affäre, die keine war.

Holger Lösch: »Der *Spiegel* hat mit an der Legende vom Mord durch die GSG 9 gebastelt; viel schlimmer, er hat dies, als es intern längst klar war, nicht offiziell widerrufen, sondern versucht, das eigene Versagen zu kaschieren und mit den Fehlern der Sicherheitsbehörden aufzurechnen.«

Volker Zastrow in der *FAZ* vom 23. Juni 1994: »Lösch hat recht, wenn er hervorhebt, daß in Sachen Bad Kleinen, die publizistische Auseinandersetzung mit der RAF eine neue Qualität erreicht hat. Das Wort Skandal wird allzuoft gebraucht, hier ist es am Platz.« Alexander von Stahl, ein tatsächliches Opfer des Medienskandals – neben dem zurückgetretenen Innenminister Seiters – schreibt im Vorwort des Reports: »Holger Lösch hat recht, wenn er in diesem Buch schreibt, Bad Kleinen sei nicht Versagen der Strafverfolgungs- und Sicherheitsbehörden, sondern vielmehr eine Art GAU des Journalismus in der Bundesrepublik Deutschland gewesen.«

Erstes Kapitel
Von Antifa zu Agitprop
1945 wurden die Medienweichen gestellt

»Die Fragebogen unserer Mitarbeiter wurden an Hand der Parteidokumente überprüft, und siehe da, da hatten einige doch gewichtige Teile ihrer politischen Vergangenheit unterschlagen... Mein Assistent Dr. Krollpfeiffer zum Beispiel war als Student der Reiter-SS beigetreten und bereits im folgenden Jahr wieder ausgetreten. Aber er hatte diese Angaben bei der Anstellung unterlassen, und das war Fragebogenfälschung... ein Teil der Presse stellte die Sache genüßlich als einen Riesenskandal dar: Der NWDR ein Nazi-Nest.«

Peter von Zahn
Stimme der ersten Stunden

Der deutsche Nachkriegsjournalismus, soweit in den ersten Jahren nach 1945 noch oder schon vorhanden, befand sich in einer außergewöhnlich komplizierten Lage, schwer belastet von Hitlers untergegangenem Dritten Reich und zunehmend beeinflußt und unterlaufen von Stalins gewachsenem Imperium, das nun auch den Osten Deutschlands unter das Moskauer Diktat stellte.

Braune Väter, rote Vettern.

Hinter uns der Nazi-*Stürmer*.

Neben uns das kommunistische *Neue Deutschland.*
Vor uns die liberale Presse.
Dazwischen lagen Welten.

Unüberwindbare Abgründe zwischen dem Demokraten Rudolf Augstein und dem rassistischen Hasser Julius Streicher, den die Geschichte verschlang. Selbst noch die dürftigste, sich der DDR anbiedernde Ausgabe der *Zeit,* war im Vergleich zu Honeckers *ND* ein Blatt der Demokratie. Welten selbst noch zwischen dem ARD-Eiferer Bednarz und Joachim Herrmann, dem Sekretär für Agitation und Propaganda der SED a. D. Das ist klar.

Gemessen am Medien-Totalitarismus beider Diktaturen auf deutschem Boden in den letzten sechzig Jahren – also seit 1933 unter Hitler, ab 1945 unter Ulbricht und Honecker –, hat sich die neue, im Grunde erstmals gesicherte Pressefreiheit in der Bundesrepublik im ganzen als ein Glanzstück der Demokratie erwiesen.

Aber mit ebenso krassen wie grassierenden Fehlbesetzungen: von Werner Höfer, der den SS-Staat besang, über ARD-Korrespondenten wie Klaus Bednarz und Fritz Pleitgen, denen in Moskau der Blick auf die Realitäten offenbar verstellt war, bis hin zu Napola-Schülern wie Theo Sommer oder Werner Holzer, die ihre Vergangenheit möglicherweise durch ein besonders aggressives Verhalten gegenüber der sogenannten Rechten vergessen machen wollten – Beschädigungen also, die fast immer ideologisch bedingt waren.

Den Journalisten, die das Desaster des SS-Staates überlebten, war der investigative Journalismus des Westens ein Buch mit sieben Siegeln. Und natürlich auch jenen Journalisten, die dem Kommunismus verfallen waren oder doch wenigstens mit dem Marxismus-Sozialismus in einer seiner vielen Schattierungen kokettierten.

Der Start des deutschen Nachkriegsjournalismus war entweder ideologisch eingefärbt – oder von den Alliierten nach Lage der angetroffenen Lage als Re-education anbefohlen.

Auch die westlichen Alliierten brachten nur Journalisten auf den Weg aus der Katastrophe, die sie selbst ausgebildet hatten oder die sich als Antifaschisten ausweisen konnten.

Und Antifaschisten, das hieß 1945 bis auf wenige Ausnahmen Kommunisten und Marxisten – nur eine kleine Zahl liberaler Journalisten war damals dabei.

Kommunistische Antifa-Funktionäre waren aber 1945 – und sind es bis heute – vor allem anderen nur deshalb Gegner des braunen Faschismus, weil er ihrem roten im Wege stand.

Die Alliierten, denen der Marxismus-Leninismus verschlossen blieb, vertrauten – zunächst – den KP-Kadern und den alsbald auch vom Osten eingeschleusten und gelenkten professionellen Antifas.

Amerikanern und Engländern war die kommunistische Bewegung zur Gänze unbekannt – für sie war die UdSSR eben auch ein Verbündeter, Stalin war der Alliierte Onkel Joe, und alle, die gegen Hitler waren, quasi Freunde.

So wurde die erste Kolonne stramm links agierender Akteure in der deutschen Nachkriegsmedienlandschaft in Marsch gesetzt. Die Pioniere des linken Medienkartells fanden alsbald die gezielte Unterstützung der SED aus Ost-Berlin.

Erst viel später erkannten die westlichen Alliierten, daß diese »rotlackierten Nazis«, wie Kurt Schumacher die Kommunisten nannte, keine Antifaschisten waren, sondern die »organisierte Vorhut des Proletariats«, wie Lenin seine Kader bezeichnete.

Die westlichen Alliierten hätten es 1945 und in den nächsten Jahren für unmöglich gehalten, daß zwanzig Jahre später diese Antifa-Agitprops in dem durch die Alliierten von Hitler befreiten Deutschland mit der Parole antraten: »USA-SA-SS« – so wie sie heute noch versuchen – gleichsam als letztes Nachhutgefecht des implodierten Kommunismus –, mit der »Faschismus-Keule« (Knütter) jeden, der nicht links ist, in die Rechtsecke abzuschieben und als Nazi zu diffamieren.

Mit der von Moskau und Ost-Berlin aus gelenkten 68er-Bewegung linker Studenten – vom RAF-Terror ganz abgesehen – wurden die Medien in bislang ungeahnter Aggressivität auf alles und alle eingestimmt, die sich den politischen Phantasmagorien der *Dutschke & Co.*-Generation verweigerten oder diese sogar zu kritisieren wagten.

»Tötet Springer«

Am 21. April 1966 – nota bene – hat Ulbricht auf dem 20. Jahrestag der Vereinigung von SPD und KPD öffentlich zur Kampagne gegen Springer aufgerufen.

Walter Ulbricht wörtlich: »Von besonderer Bedeutung ist, die Zeitungskonzerne wie den Springer-Konzern und andere unter Kontrolle zu nehmen und damit der Hetze des Kalten Krieges und der Kriegshetze einen Riegel vorzuschieben... Es ist notwendig, die Macht der Herren solcher Meinungsmonopole wie des Springer-Konzerns zu beseitigen. Solange der Springer-Konzern und ähnliche Meinungsfabriken herrschen, kann von Freiheit der Meinungsbildung keine Rede sein.«

Unmittelbar nach dem Aufruf Ulbrichts schwenkten

nahezu alle linken Medien der Bundesrepublik auf den vom SED-Chef vorgegebenen Kurs ein – dazu bedurfte es zu diesem Zeitpunkt noch nicht mal Ostberliner Gängelei. Ulbrichts Unbehagen an Springer wurde von vielen westdeutschen Linken und Literaten geteilt.

Böll, Grass, Augstein und Nannen ventilierten die Anti-Springer-Stimmung in Literatur und Medien. Mehr als hundert Schriftsteller unterzeichneten – ein Jahr nach dem Ulbricht-Appell (!) – eine Erklärung, wonach sie in keiner Zeitung und Zeitschrift des Springer-Verlages mehr mitarbeiten werden, und forderten die Verleger ihrer eigenen Bücher auf, nicht mehr in Springer-Zeitungen zu inserieren.

Verlage wie Hanser, Luchterhand, Rowohlt, Suhrkamp und Feltrinelli machten bei diesem Boykott mit – seit der NS-Bücherverbrennung wohl der makaberste Angriff auf die Pressefreiheit in Deutschland.

SED-Politbüro, *Neues Deutschland*, *Rude Pravo*, *Tribuna Ludu*, *Prawda*: Der gedruckte Kommunismus applaudierte in toto der deutschen Linken und ihren Literaten – was diese ganz unverhohlen freute.

Die wie ferngelenkt agierende Straßenrandale tobte durch die westdeutschen Städte mit Parolen von »Enteignet Springer« über »Zerschlagt Springer« bis zu »Tötet Springer«. Keiner dieser permanent auf Humanismus und Demokratie pochenden Journalisten, Schriftsteller und Verleger fand auch nur ein Wort wenigstens der Mäßigung – außer Gerd Bucerius.

Claus Jacobi in seinen Erinnerungen *Fremde Freunde Feinde* 1991: »Die jetzt anschwellende Anti-Springer-Kampagne ... linker Magazine und linker Intellektueller, linker Studenten und simpler Rowdys (Axel Springer) war die umfangreichste Hatz, die in diesem Jahrhundert gegen einen Privatmann in Deutschland entfesselt wurde.«

Axel Springer hatte den ferngelenkten Haß sozialistisch umgetriebener Poeten und publizistischer Politruks, des Antifa-Agitprops und natürlich vor allem des kommunistischen Establishments von Moskau bis Ost-Berlin auf sich gezogen, weil er unbeirrt SS-Terror und NKWD-Diktatur verglich – der neuralgischste Punkt der Apologeten der kommunistischen Irrlehre, die ihren verlogenen Antifaschismus durch diesen Vergleich kompromittiert sahen. Gerhard Naeher in seiner exzellenten Springer-Biographie *Axel Springer – Mensch Macht Mythos:* »Die Solidarisierung von links gegen Springer hatte einen weiteren Grund: Der Verleger traf mit seiner Aussage über die Wesensverwandtschaft von Nationalsozialismus und Kommunismus einen neuralgischen Punkt sowohl bei den stalinistischen Ideologen im Osten als auch bei Teilen der demokratischen Linken im Westen. Für die SED war der Antifaschismus letztlich die Legitimation für die Gründung der DDR und außerdem ein Instrument für die ständige Disziplinierung der Bevölkerung.«

Springer, der sicherlich mehr als jeder andere Deutsche für die Aussöhnung mit Israel tat, sagte am 20. August 1977: »Genauso wie wir nie die sechs Millionen ermordeten Juden vergessen dürfen, müssen wir uns jeden Tag an die Peter Fechters erinnern und an alle, die auf die Freiheit warten – in Gefängnissen und Lagern und Irrenanstalten oder sonstwo in diesem riesigen Konzentrationslager, das hier an der Mauer beginnt und bis zum Pazifik reicht.«

Springer sprach mehrfach eindringlich, von Solschenizyn darüber informiert, von »66 Millionen, die seit 1917 in Rußland brutal ermordet wurden«.

Springer wurde aufs grausigste bestätigt. Am 13. August 1990 sagte der Kommentator von Radio Moskau, Sergej Solowjow, daß in der Sowjetunion »im Laufe von siebzig Jahren mehr Menschen vernichtet wurden als je zuvor oder danach in der Weltgeschichte ... Dutzende von Millionen«.

Dutzende von Millionen. Der *Spiegel* räumt 1994 in einer Stefan-Heym-Story ein, daß allein Stalin »während seiner Regierungszeit in Konzentrationslagern über 20 Millionen Menschen hatte umbringen lassen«.

Bis heute aber sind nahezu alle schreib- und redefähigen Antifas landauf landab damit beschäftigt, den sowjetischen Holocaust durch Ablenken auf den SS-Staat zu verniedlichen, »humanistisch« zu alimentieren oder eben ganz zu verschweigen.

Gerhard Naeher:

»So erhellt die geschichtliche Entwicklung mehr und mehr, daß die These der inneren Wesensähnlichkeit von Nationalsozialismus und Kommunismus zu jeder Zeit legitim war und die Verbrechen beider Systeme wohl von je gleicher Einzigartigkeit sind.«

Journalistisch verpackte Ideologen

Die solidarisch eingestimmten Kader journalistisch kostümierter Ideologen, die – meist verdeckt und selten offen – einen gebremsten Marx dem Markt vorziehen (an dem sie sich satt bedienen); einen unblutigen Sozialismus (den es im realen Sozialismus nie gibt) dem ausbeuterischen Kapitalismus (der sie ernährt); grassierende Öko-Phantasien dem Auto (dessen S-Klasse sie bevorzugen) – für diese publizistische Mogelpackung ging die historische Menschheits-Sonne immer im Osten auf und in jenem Wallstreet-Amerika unter, wo sie sich nach Sylt und Toskana am liebsten von der wahrheitsbeugenden Last der Zerrbildnerei erholen.

Jetzt allerdings ist ihnen der Sonnenaufgang abhanden gekommen. Um so ärgerlicher reagieren sie auf jene Kräfte, die der roten Sonne den Untergang bescherten: Amerika, NATO, Bonn – um die von links polarisierten Reizbegriffe auf drei Namen zu verkürzen.

Ein Aufblättern der Archive der sich links gerierenden Medien bietet eine Überfülle von Artikeln, Reportagen, sogenannten Analysen und Interviews, die mehr oder weniger offen gegen NATO, Amerika und Bonn agieren. Dieses einmal aufzulisten ist ein ebenso reizvolles wie demaskierendes Unternehmen.

Diese journalistischen und publizistischen Kräfte sind nach dem Zusammenbruch des Kommunismus und der geglückten Einheit Deutschlands ideologisch enerviert und politisch blamiert. Der *Spiegel* und Augsteins publizistische Erben im Blatt, *Monitor* und Klaus Bednarz, *Stern* und seine einst hitlerversessenen Redakteure, *Die Zeit* und DDR-Verharmloser Theo Sommer, das *Zweite* und Doktrinäre wie Ruprecht Eser oder Klaus Bresser, Ulrich Kienzle, Joachim Jauer – oder die einst im Roten Kloster* zu Leipzig trainierte Zerrbildner-Riege von Maybritt Illner im ZDF bis zu Monika Künzel im *DeutschlandRadio*.

Ihre Namen stehen stellvertretend für jene Medienideologen, die sich der marktorientierten Wirtschaft und der modernen Industriegesellschaft in toto verweigern –

---

* *Rotes Kloster* – Bezeichnung für die Journalisten an der Karl-Marx-Universität Leipzig, der Kaderschmiede des Stasistaates, die ähnlich wie die Napolas des NS-Regimes direkt dem MfS unterstand. Siehe auch das Buch von Brigitte Klump: *Das Rote Kloster*.

sie machen keinen Hehl daraus: Das wollen sie nicht. Diesen Staat wollen sie nicht.

Endlose Liste: Da die einst eher grob Argumentierenden Ernst Elitz, Franz Alt und Wilhelm von Sternburg im Ersten, heute von Hetkämper, Wagner, Küppersbusch oder Wickert abgelöst; dort der softe Riehl-Heyse in der *Süddeutschen*, Hardliner wie Günter Gaus und Erich Kuby im *Freitag*, Michael Sontheimer bisher in der *Taz* – dann Bissingers hübsch gemachte *Woche*, hinterdrein das Heer der namenlosen Hiwis in den Redaktionen, die zum Mitstricken im Netzwerk bestimmt sind.

Sie sind die Meinungsmacher und Umerzieher der Nation – eine illustre Galerie demokratieverdrossener Moralisten und Marxisten, hochfahrender Besserwisser, wirrer Öko-Eiferer, dogmatischer Weltveränderer, oberlehrerhafter Negationsräte und rechtslebender Verleger und Manager, die sich das schlechte Gewissen über den eigenen Wohlstand mit linkelnder Phraseologie absichern lassen.

Klassenkampf im Öko-Rock

Diese von der jüngsten Geschichte als Zerrbildner karikierten Meinungsmacher der Nation trommeln nun von früh bis spät ihren alten Frust am vermeintlichen Kapitalismus in neuer, nämlich ökologisch-technophobischer Aufmachung in die Runde; wobei, nota bene, die Verursacher aller Umweltübel immer die *Kapitalisten* sind (*herrschende Klasse, Großkapital, Imperialisten, Rassisten, Rechtsextreme* und ihre technologische Reservearmee aus ebenso gedungenen wie amoralischen Wissenschaftlern und Technikern).

Ihre suggestiven Parolen sollen erneut die große Unruhe stiften, Klassenkampf im Umweltsorge-Schlafrock:
Die Bürger haben die politische Klasse satt (die Beliebtheitsskala prominenter Politiker beweist das Gegenteil).
Alle Politiker sind korrupt (außer Linke).
Deutsche sind Ausländerhasser und potentielle Neonazis (alle Umfragen belegen das Gegenteil).
Der Holocaust des SS-Staates ist unbewältigt (alle Umfragen beweisen das Gegenteil, vom roten Holocaust ist indessen keine Rede mehr, was mit der agitatorischen Behauptung vom unbewältigten NS-Holocaust beabsichtigt ist).
Das Auto, motorisierte Perfidie der *PS-Industrie* (sprich: des *Großkapitals*) zerstört die Umwelt und macht die Atmosphäre kaputt (nur das eigene Auto nicht).
Megawattbarone (wieder das Großkapital!) stürzen die Welt mit ihren Atomkraftwerken in ein radioaktives Desaster (die schauerlichste Dauerbehauptung ohne jeden Beleg – Strom kommt ja aus der Steckdose).
Gen-Technologie (gemeint wieder die Konzerne der biochemischen Großindustrie) zerstört den Menschen (das Gegenteil ist der Fall: Sie beseitigt Übel).
Das Ozonloch wird durch FCKW, Atom, Autoabgas zerstört (weder FCKW, Autoabgase noch irgend etwas aus KKWs erreicht die Ozonschicht der Erde).
Die Schwammspinner-Plage, so Angelika Reichel vom sächsischen Landwirtschaftministerium am 3. Juni 1994 in *Bild*, »ist ein verzweifelter Versuch der kranken Natur, sich auf diese Art zu wehren.«
(Gegen das Großkapital, das diese Natur chemisch, biologisch und radioaktiv vergewaltigt und durch das von ihr verursachte Ozonloch die arme Natur zur Schwammspinner-Plage zwingt).

Die Wissenschaft stellt im Gegensatz zu diesen Horrorszenarien aus der Flickenkiste der rotgrünen Giftpolizei ein permanentes Auf- und Zugehen dieser Ozon-Schicht fest. Die Annahme, daß die Ozonschicht durch Protuberanzen, also Wasserstoffexplosionen auf der Sonne, beeinflußt wird, hat sich zu einer Haupttheorie über das Ozonloch verdichtet – und nicht die gebetsmühlenartig repetierten Panikreports der vernetzten Angstmache im Lande.

Immer mehr Vogelarten sterben, meldete der Hessische Rundfunk (nur der Vogel der militanten Profifrustler und Angstagitatoren stirbt nicht).

Ungefilterter Öko-Nonsens

Der Katalog ließe sich beliebig erweitern.

Die *Medien-Kritik* faßte am 21. März 1994 diese Orkus-Optionen der auf Ökohorror spezialisierten Journaille unter der Zeile zusammen: *Katastrophen-Propheten desavouiert*. Über die auf Katastrophen-Verkündigung organisierten Hiobsbotschafter:

»Durch ein sich immer weiter verbreitendes Ozonloch dringen krebserzeugende Strahlen ungefiltert auf die Erde, töten Menschen. Der Wald stirbt, die Berglandschaft verkarstet. Grüne, und in ihrem Schlepptau Umweltschutzorganisationen, geben solche Horrorszenarien als Fakten aus, obwohl sie meist nur aus Computersimulationen stammen, deren eingegebene Daten zum großen Teil auf Schätzungen und Annahmen beruhen.«

Das Fachblatt zitiert *U.S. News & World Report* über die Permanenz der verbreiteten Weltuntergangsmythen: »Indem sie die Umweltfragen übertreiben, haben Aktivisten ihre Glaubwürdigkeit unterhöhlt und eine Gegenströmung ausgelöst.« Diese Gegenströmung wird von der Wissenschaft repräsentiert, die Stück um Stück der Schreckens-Sottisen der Unglaubwürdigkeit überführt.

So behaupten Öko-Konzerne, daß alljährlich 50000 Tier- und Pflanzenarten ausstürben. Tatsächlich, so *US-News*, haben Untersuchungen gezeigt: Viele der als bedroht geltenden Arten haben sich in Wirklichkeit kräftig vermehrt. Solche, die als ausgestorben gemeldet worden waren, sind wieder aufgetaucht.

Weiter trompeten die Öko-Düsterlinge, jede Sekunde verschwinde ein Stück Regenwald von der Größe eines Footballfeldes. Tatsächlich haben US-Forscher anhand von Vergleichsfotos aus dem Weltraum nachgemessen: Die wahre Zahl beträgt ein Fünftel dieser Fläche.

Dem ozonzerreißenden FCKW-Szenarium, wonach durch das Ozonloch krebsfördernde UV-Strahlung auf uns herniederregne, ist Dixie Lee Ray, einst Chef der Atomenergiekommission, entgegengetreten: Der Ozonschwund sei auf natürliche Ursachen zurückzuführen, das Ergebnis von Vulkanausbrüchen, Luftschichtbewegungen, von Meeresbrandung – und womöglich eben der Protuberanzen.

Dafür spricht, daß der norwegische Forscher E. Tønsberg bereits im Winter 1934/35 über Tromsö ein Ozonloch gemessen und beschrieben hat. FCKW aber wird erst seit 1952 produziert. Am 12. März 1994 meldet das Amsterdamer Meteorologische Institut KNMI: »Ozonschicht erholt sich dramatisch. Grund: Die Aschewolken des Pinatubo-Vulkans sind verflogen.« Sie haben das Ozonloch bewirkt. Nicht FCKW. Denn dessen Produktion ist im nun beobachteten Zeitraum weltweit noch gestiegen.

Amerikas führende Fachzeitschrift *Nature* meldet überdies, daß FCKW nur wenige hundert Meter in die Atmosphäre aufsteigen kann und nie bis zur Ozonschicht gelangt.

Professor Helmut Metzner, Präsident der Europäischen Akademie für Umweltfragen in Tübingen, wird im *Handelsblatt* vom 27. Januar 1994 zum Treibhauseffekt zitiert. »Die Überbetonung der vom Menschen verursachten Kohlendioxid-Anreicherung unserer Atmosphäre hat auf politischer Ebene zu Beschlüssen geführt, die von der Wissenschaft nicht gedeckt sind.«

Professor Heinz Zöttl vom Institut für Waldernährung und Bodenkunde der Universität Freiburg berichtete am 6. Februar 1994 in der *Welt am Sonntag:* »Es gibt kein Waldsterben. Über ein Jahrzehnt durchgeführte Inventuren beweisen es. Die Schäden nehmen in einem Jahr zu, im nächsten wieder ab. Der Anteil stark geschädigter Bestände ist nicht gestiegen, ein Trend nicht erkennbar.«

Kaum hatte Deutschland einen Juli wie nie, strahlende Sonne und blauen Himmel als Dauerhoch von fast vier Wochen, trat Hessens rotgrüner Umweltminister mit voller Öko-Bremse auf die gute Laune der Millionen: Ozonalarm in Hessen mit Auto-Tempo-Auflagen bei 80 und 90 Stundenkilometern. Und Minister Töpfer sah schon durch den heißen Sommer 1994 das Weltende durch Klimaveränderungen kommen.

Töpfer wurde anderntags, am 1. August 1994, vom Deutschen Wetterdienst konterkariert. Die Wetterfrösche: »Es gibt gar keine Anzeichen auf Klimaveränderungen. Der Juli war nicht besser oder schlechter als andere heiße Monate.«

Fischers Ozon-Katastrophen-Feldzug gegen das Auto wurde nicht nur vom linken Medienkartell schon wegen des publizistischen Sommerlochs dankbar aufgenommen und in allen möglichen Horrorvisionen multipliziert. Die gezielte Panikmache schob sich subkutan durch die ängstliche Haut der Bürger in deren Innerstes.

Nur: Am Ozon ist so wenig dran wie am Waldsterben. Die *FAZ* glossierte Fischers Coup als *Ozon-Posse*, und in der *Welt* vom 2. August 1994 widerlegte Theo Romahn, Stadt- und Verkehrsplaner in Düsseldorf, in einem pointiert und fundiert argumentierenden Dreispalter die hausgemachte Angsterzeugung des einstigen Turnschuhpolitikers Fischer.

Romahn, Autor des Buches *Politik gegen Autofahrer*, stellt fest, daß die bei uns auftretenden Ozonkonzentrationen nicht gesundheitsgefährdend und schon gar nicht lebensgefährlich sind. Vor allem aber machte Romahn auf zwei Essentials aufmerksam, die exakt das diametrale Gegenteil dessen aussagen, was die professionellen Panikmacher an ökomanischem Nonsens unter die Leute bringen:

1. »Solange Ozonkonzentrationen gemessen werden, ist allgemein bekannt, daß in Reinluftgebieten ohne Verkehr und Industrie die Ozonwerte am höchsten sind.«

2. »Dagegen mißt man in Ballungsgebieten, in Straßenschluchten mit dichtem Verkehr die niedrigsten Ozonkonzentrationen.«

Der Grund dafür ist einfach. Romahn: »Weil Kohlenwasserstoffe, Stickoxide und andere Abgase hohen Ozonkonzentrationen entgegenwirken.«

So hat beispielsweise der Umweltminister von Baden-Württemberg, Schäfer, mit seinem allenthalben gerühmten Ozon-Versuch im Sommer 1994 im Ländle – mehrere Tage Autostop – exakt das Gegenteil dessen bewirkt, was er eigentlich wollte: Während des ökologischen Schäferstündchens stieg nämlich die Ozonkonzentration beträchtlich – was die Medien weithin übergingen.

Auch das wird verschwiegen: 97 Prozent der CO_2-Produktion erfolgt durch Mutter Natur, nur 3 Prozent erzeugt der Mensch. Davon wiederum nur 3 Prozent das Auto.

Romahn erinnert daran, daß ohnehin nur auf 1,4 Prozent des gesamten Straßen- und Autobahnnetzes freie Fahrt erlaubt ist. Nur etwa 6 Prozent aller PKW-Fahrer fahren schneller als 130, weniger als 1 Prozent der Unfälle passieren in diesem Geschwindigkeitsbereich. Auch die freie Fahrt auf 1,4 Prozent des Straßennetzes ist theoretisch – meist wird unter 100 gefahren.

In der *FAZ* vom selben Tag referiert der Münchner Bioklimatologe Professor Peter Fabian, eine Koryphäe seines Fachs, daß Tempolimits als Mittel gegen hohe Ozonwerte unwirksam sind.

Immer Alarm. Nie Entwarnung.

Die von den professionellen Hiobsbotschaftern bedienten Medien geben immer wieder Umwelt-Alarm, nie Entwarnung:

Das Ökosystem zerfällt (die Körnerläden gehen).

Die Erde geht unter (Auflagen und Zuschauerzahlen steigen).

Noch die kleinste Katastrophe wird zur größten gemacht.

Die Molke ist verstrahlt (auch wenn ein Minister das angebliche Giftzeug vor laufender Kamera schadlos aufschleckt).

Biblis brennt (auch wenn nur eine Zange in die Kühlung fiel). Und wenn im Kühlschrank in der KKW-Kantine eine Schraube wackelt, wird ein Atomunfall daraus.

Die Häufung von Pannen in Biblis und Hoechst verbannt für viele der sonst hyperkritischen Politbeobachter offenbar automatisch die Nähe von Joschka Fischers Amtsstube in Wiesbaden aus der journalistischen Erinnerungsfähigkeit.

Ein Beutel *Apron Plus* tötet zwei Menschen. Robben sterben, Wale, Heringe, Vögel, Eichhörnchen, die letzten Leoparden, der letzte Löwe, die Berge, die Täler, die Höhen, die Meere, die Natur schlechthin – alles stirbt, auch das, was nicht stirbt, stirbt.

»Honig ist direkt Tiermord« – so eine Biohändlerin in *Spiegel-TV* am 6. März 1994.

Wer Schnittblumen kauft, beteiligt sich an Blumentötung – ebenda.

Grün ist die letzte Hoffnung einer sterbenden Welt (über der Jutta Ditfurth am liebsten in der 1. Klasse düst; dabei über die Zerstörung der Schutzschicht durch Jets nachdenkend).

Ein fanatischer Club professioneller Greenhorns, die innenweltverschmutzt in verrauchten Hinterzimmern tagen und nie im Wald anzutreffen sind, hält mit seinem durch nichts belegten Ökohorror ganze Gesellschaftssysteme in Schach, da die linken Medien ihre Megaphone dem neuen Irrationalismus leihen, nur weil die Umweltpanikmache sich anti-kapitalistisch, anti-bürgerlich und anti-industriell gibt.

Das linke Medienkartell hat offenbar erkannt, daß die ökologische Furchterregung so etwas ist wie die Fortsetzung des Sozialismus mit anderen Mitteln – nachdem sich die alten Klassenkampfhüte keiner mehr aufsetzt.

Death, Desaster, Destruction

Katastrophenängste, von grünen Technophoben geschürt, hat *Spiegel*-Redakteur Wiedemann in seinem Buch *Die deutschen Ängste – Ein Volk in Moll* auf ebenso konkrete wie ironische Weise analysiert und auf den methodischen Drei-D-Punkt gebracht, den die professionellen Katastrophalos in ihren Panikszenarien anpeilen: Death, Desaster, Destruction. Ein Buch übrigens, das Wiedemann im *Spiegel* keine Freunde brachte, eher Feinde.

Für die Zerstörung unserer Umwelt und Zersetzung unserer Innenwelt stehen die reaktionären Kräfte aus dem »militärisch-industriellen Komplex« *(Taz)* zur Rechten am Pranger.

Diese Rechte wird nach der immer tadellos funktionierenden Totschlag-Sottise denunziert: Alles was nicht links ist, ist a priori rechtsextrem – sprich neonazistisch.

Rechts ist ergo antidemokratisch – die deutsche Rechte hütet sich seither, sich rechts zu nennen. Man zieht sich verschreckt in das Schneckenhaus eines verstaubten Konservatismus zurück und überläßt das Terrain der Linken.

Die angefachte Hysterie gegen Rechts ist eine Spitzenleistung jener, die nach der Haltet-den-Dieb-Methode das für immer verschwundene NS-Regime zu agitatorischem Medien-Scheinsein wiederbeleben, um vom roten Faschismus und dem KZ-Horror des Gulagsystems abzulenken, das in diesem historischen Augenblick kollabierte – und nicht wie das Hitler-Regime längst in der Geschichte für immer verschwunden ist.

Im Kreml brennt kein Licht mehr

So knipst das linke Medienkartell, weil's so schön war, noch einmal das sozialistische Licht der suggerierten Menschheits-Hoffnung an, bevor der letzte Marxomane das Feld der verlorenen Schlachten verläßt.

Obwohl auch längst das Licht im Kreml erloschen ist – links soll nochmals die Hoffnung angezündet werden. Und wenn es schiefgeht, waltet Milde:

Honecker wird straffrei abgeschoben. Er stirbt ohne jede Einsicht in der Fremde, Markus Wolf erhält eine Art Ehrenprozeß. Die DDR war bloß ein *Irrtum* aus Bautzen und Waldheim, Mauer und Todesstreifen, Trabi und Plaste. Die NVA-Generäle werden verschont. Stasi-Renten darf niemand kürzen – so das Bundessozialgericht. Gesichts- und geschichtslos verblaßt der SED-Staat am Horizont der Geschichte.

Aber die Derwische des linken Medienkartells flüstern weiter: Die Kommunisten haben den Sozialismus nur falsch angefaßt. Wir kriegen ihn schon wieder in den antifaschistisch-humanistischen Griff. Sozialismus, jetzt richtig menschlich. Links kommt nach der historischen Schrecksekunde für ein paar Geschichtsstunden wieder zu sich und ins vorübergehende Geschäft. Die Medien sekundieren dem komischen Pseudo-Comeback natürlich mit gewandelten Vorzeichen.

In Rußland läuft plötzlich alles genauso schief, wie es früher in der UdSSR glänzend gelaufen ist. Während einst die deutsch-sowjetische Freundschaft hochgejubelt wurde, wird jetzt jeder Westler davor gewarnt, auch nur eine müde Mark in das sich demokratisch wandelnde Rußland zu investieren.

Wo einst der rote Stern des Sozialismus aufging, geht

die Welt nun unter. Rußland versinkt im Chaos, die Armut grassiert angeblich erst jetzt, wo gestern noch eine blühende UdSSR den Westen überflügelte – allerdings das alles nur in der blühenden Phantasie der sowjetischen Medien und den ihr angeschlossenen Megaphonen des Westens.

Jetzt malen diese das Schreckgespenst eines neuen Hitler in Moskau an die Wand (bei Stalin und seinen Nachfolgern fiel dieser Begriff keinem von ihnen ein).

Für den Glücksfall der Geschichte, die Freundschaft des ersten frei gewählten Präsidenten Jelzin mit dem frei gewählten Kanzler Kohl, haben diese Medien nur Spott übrig. Anfang Dezember 1993 treffen sich beide – Jelzin und Kohl – in Moskau, schwitzen in der Sauna und machen danach eine Büchse Pfälzer Leberwurst auf. Millionen in Ost und West freut das – die Zeit der OKW-Berichte ist ebenso vorbei wie der Kalte Krieg, den Moskau gegen den Westen entfachte. Ein starkes Stück Weltgeschichte (selbst wenn es nur ein Zwischenspiel bliebe). Ihm folgt ein schwaches Stück im ZDF-Magazin *Frontal*. Moderator Kienzle über Kohl in der Moskauer Sauna: »Dann hat er ja genug heiße Luft getankt.« Koop-Clown Hauser ergänzt: »Wen der Jelzin in den Schwitzkasten nimmt, dem fehlen hinterher ein paar Milliarden.«

Auf diesem Null-Niveau läßt das Geschwätz-Duo Hauser und Kienzle das Magazin *Frontal* zum Blabla verkommen – wie vergessen die ARD- und ZDF-Hofberichterstattung bei Breschnew-Besuchen in Bonn.

Solange der Kommunismus fest im Sattel saß, wurde der Osten in den linken Medien des Westens durch die Bank kosmetisch behandelt, seine impertinenten Häßlichkeiten zugeschminkt.

Jetzt, da der real existierende Sozialismus aufgehört hat

zu existieren, wird der Osten durch die Bank schlechtgemacht: Babystrich in Moskau, Prostitution in St. Petersburg, Mafia in Minsk, Gangster in Kiew. Zerfall in Nischnij Nowgorod, Atom-U-Boot-Rost in Murmansk, Hunger in Jekaterinenburg, Irrenanstalten in Astrachan, KZs im Fernen Osten.

Früher, von Stalin bis Gorbatschow, gab's das alles auch – und vieles Gräßliche mehr –, nur eines gab's nicht: Freie Medien, die darüber berichten durften.

Tiziano Terzani, der Asien-Korrespondent des *Spiegel*, schreibt zu diesem jahrzehntelang gezinkten UdSSR-Bild der linken Medien, die den wahren Zustand der UdSSR verschwiegen, in seinem Buch *Gute Nacht, Herr Lenin – Reise durch ein zerberstendes Weltreich:* »Dort, angesichts dieses Leichnams (Lenin im Mausoleum), auch er demnächst dem Vergehen anheimgegeben, kam mir die Frage wieder in den Sinn, die mich auf meiner ganzen Reise nicht losgelassen hatte: Wie ist es möglich, daß der Westen jahrzehntelang Angst hatte vor diesem Land?

Und auch die Wut kam mir wieder in den Sinn, die mich während dieser Reise nicht losgelassen hatte, Wut auf meine Vorgänger, Journalisten oder auch nicht, die hier gelebt haben. Es kam mir vor, als hätten sie mich betrogen, indem sie mir nicht erzählten, wie arm, wie schäbig und unorganisiert diese Sowjetunion war und wie verzweifelt und elend die Menschen hier lebten.«

Der Wald stirbt. SA marschiert

Mit post-sozialistischer Energie wird natürlich vor allem am heimischen Zerrbild nach dem Muster gestrickt:
Die Union verliert. Die SPD gewinnt. Der Baum stirbt. Marx lebt. SA marschiert. Links steht der Rettungswagen.

Was Millionen Bürger für die öffentliche Meinung halten, ist längst nur noch eine veröffentlichte. Die Schere zwischen Tatsachen und deren Reflexion in den Medien hat sich vor allem in den öffentlich-rechtlichen Sendern weit geöffnet, zuweilen bis zur Maulsperre.

Eine Armee macht sie: Redakteure, Reporter, Korrespondenten, Kommentatoren, Kamerateams, Cutter, Autoren und Berichterstatter halten eine ganze Nation in Schach – selbst noch Kabarettisten und Liedermacher dürfen ihren rosaroten Quark dem Bürger aufs Brot schmieren.

ARD & ZDF lassen niemanden verkommen, der Land und Leute miesmacht. Zweihundert Radioprogramme, fünfzig TV-Sender und eintausend Blätter aller Art machen diese veröffentlichte Meinung im Lande.

Journalisten im luftleeren Raum

Es ist seit langem nicht mehr so, daß der Journalist oder Redakteur – gleich ob in Blättern oder Sendern – direkt für den Leser schreibt oder Programm für Zuschauer macht. Der Journalist in den großen Medien-Apparaturen, also den Verlagen und Sendern, arbeitet vor allem für den Chefredakteur oder den Abteilungs-Schriftleiter, für den Großen Bruder in der Verlagsspitze. Eine Hauptarbeit der meisten Journalisten besteht heutzutage darin, vor allem die politische Meinung seiner Vorgesetzten auszukundschaften und diese dann journalistisch zu bedienen, um sich der Gunst der obersten Heeresleitung zu versichern. Nicht, daß dies von oben angeordnet wäre. Ganz im Gegenteil, das funktioniert reibungs- und diskussionslos nach der Methode vorauseilender Anpassung. Sicherlich gibt es auch liberale Verleger und Chefredakteure, die entsetzt wären, erführen sie, der ihnen anvertraute Redakteur schriebe für sie und nicht für den Leser oder Zuschauer. Nur: In der Praxis ist der Endverbraucher des journalistischen Produkts, also Leser und Zuschauer, zunehmend aus dem Blickwinkel der schreibenden und sendenden Zunft verschwunden. Man bedient im Grunde allemal erst die herrschende Verlags- oder Hausmeinung, ehe überhaupt an den Leser gedacht wird.

Die Entwicklung in den elektronischen Medien nach 1945 verlief anders als in den Printmedien. Freie Verleger, unternehmerische Journalisten, die sich an Markt und Mark orientierten, waren hier a priori ausgespart – was eine verheerende Langzeitwirkung bewirkte: Der Rundfunkraum wurde weithin auch dem journalistischen Wettbewerb entzogen. In die gebührenfinanzierten Leerräume des Rundfunks zwischen Hamburg und München kamen ganz andere Leute als in die Zeitung, nämlich Medienfunktionäre, die nichts mit Auflagen und Wirtschaftlichkeit zu tun hatten (und haben wollten), nichts mit Blatt-Markt und Zeitungs-Verkauf, dafür aber mit Meinung und Ideologie.

Diesen Bekenntnis- und Weltanschauungsspezialisten – der Begriff Journalismus trifft hier nicht zu – kam die Konstruktion eines öffentlich-rechtlich verfaßten Rundfunks entgegen. Unter der Gehalts- und Honorarglocke des Gebühren-Rundfunks machten sich diese oft Marx-abhängigen Medienaktivisten markt-unabhängig.

Ihnen ging es nie um Fakten-Journalismus, sondern vorwiegend um Meinungsmache. Bis zum heutigen Tage ist diese Spezies ideologisch beflügelter Zeigefinger- und Umerziehungs-Eiferer eine entscheidende Kerntruppe in den politischen Redaktionen von ARD und ZDF – aber auch zuweilen bei den privaten Sendern, wenn an die erste Besatzung des Pleitesenders *VOX* (von Ruprecht Eser bis Hajo Friedrichs) oder Dieter Lesche und Heiner Bremer bei *RTL* erinnert wird.

Ausnahmen wie Emil Obermann, Franz Mai, Rudolf Woller, Karl Holzamer, Heinz Burghart, Peter von Zahn blieben immer in der Minderheit – bis heute, da investigative Journalisten wie Stefan Aust oder Heinz Klaus Mertes diese Minderheit vertreten.

Antifa als Agitprop

Im Osten wie Westen Deutschlands zogen mit Hilfe der Alliierten tatsächliche und kostümierte Antifaschisten in die Funkhäuser, die die Aufklärung (über Hitler) und Abrechnung (mit dem SS-Staat) auf ihr Programm gesetzt hatten. Die marxistisch orientierte Generation der Axel Eggebrechts nahm vor den Mikrofonen Platz – die meisten von ihnen Sozialisten und Marxisten. Aber schon bald, Wolfgang Leonhard beschreibt das in seinem Klassiker *Die Revolution entläßt ihre Kinder*, wurden die ehrlichen Antifaschisten durch gelenkte Antifa-Agitprops ersetzt – im Osten radikal, im Westen schleichend.

Eine so traurige Figur wie Karl Eduard von Schnitzler kam bezeichnenderweise über den NWDR zum DDR-

Fernsehen, wo er als Sudel-Ede zum obersten Hetzjournalisten im DDR-Fernsehen avancierte.

Schnitzlers Generalformel, mit der er alles im Osten pries und im Westen verdammte, war Antifa: »Wer die DDR nicht mag, beißt bei uns auf Granit – oder ins Gras« – so O-Ton Schnitzler in seinem Kommentar im SED-Fernsehen wenige Tage nach der Ermordung von Peter Fechter an der Mauer.

Genau in dieses modische Antifa-Kostüm kroch auch ein Werner Höfer, der umerziehende Frühschöppner des WDR, um seine braune Vergangenheit zu verstecken – bis er 1989 als Verfasser jenes »Kopf-ab-Artikels« *(Bild)* von 1944 in der Nazipresse bloßgestellt wurde, in dem Höfer die Hinrichtung des jungen Komponisten Karlrobert Kreiten in Plötzensee durch Freislers Schergen posthum bejubelte.

Höfer hatte als Nazi-Kolumnist des *12-Uhr-Blatts (BZ am Mittag)* am 20. September 1943 die Hinrichtung des 25 Jahre jungen Komponisten Karlrobert Kreiten wenige Tage vorher in Plötzensee als »strenge Bestrafung eines ehrvergessenen Künstlers« begrüßt.

Kreiten hatte nichts anderes getan, als Zweifel am Endsieg zu äußern. Höfer mußte nach der Bloßstellung seines NS-Artikels den WDR verlassen – jahrelang hatten Blätter des Springer-Verlags und Burdas *Bunte* vergebens die Fakten von Höfers »Hinrichtungs-Hymne« *(Spiegel)* veröffentlicht. Weder Höfer noch den WDR scherte das. Auch Staatsanwaltschaften nicht. Höfer sagte nichts dazu, erst als der *Spiegel*-Autor Harald Wieser die *Springer*-Unterlagen aufgriff und im *Spiegel* veröffentlichte, wurde Höfer im Nu gestürzt.

Der *Spiegel* als vierte Gewalt.

Werner Höfer hat bis heute seine Nazi-Vergangenheit

mit keiner Silbe bereut – der Vergleich zu Honeckers Starrsinn fällt auf.

Seit der 68er Rebellion erhielt die Alte Garde der elektronischen Antifas Verstärkung durch die junge Linke, die den langen Marsch durch die Institutionen von Funk, Fernsehen und Presse angetreten hatte.

Der Anfang 1994 verstorbene SDR-Chefredakteur Emil Obermann (SPD) beschrieb dieses Phänomen 1979 in dem Senderblatt *Südfunk* so: »Eine neue Welle von Engagement, an Parteilichkeit und manchmal ganz selbstverständlicher Einseitigkeit wurde im Gefolge der APO-Bewegung von den Universitäten in die Funkhäuser geschwemmt. Ende der sechziger, Anfang der siebziger Jahre begann sich die Binnenstruktur vieler Redaktionen in Richtung studentischer Seminar-Praktiken zu verändern. Die Tendenz zu ›reinrassigen‹ Redaktionen nahm zu. Schnell zeigte sich, daß diese Demokratisierung weniger Pluralität und mehr Einseitigkeit nach sich zog, denn autonome Redaktionen rekrutieren sich, wenn das Prinzip Zuwahl gilt, nach Sympathie und Gesinnung.«

Neben Obermann zählte Franz Barsig, Intendant des SFB von 1968 bis 1978, zu den Kritikern des ideologisch unterwanderten Fernsehens mit seinem längst vergessenen Buch von 1981 *Die öffentlich-rechtliche Illusion*. Oder Gert von Paczensky mit seiner Schrift *Über Fernsehen/Munition gegen das öffentlich-rechtliche Komplott*. Zu dieser kleinen Gruppe couragierter Kritiker von ARD und ZDF ist auch der ehemalige Chefredakteur des Bayerischen Rundfunks, Heinz Burghart, zu zählen. Im Frühjahr 1993 veröffentlichte er das Buch *Medienknechte*. Burghardt beschreibt vor allem den Einfluß der Parteien auf die öffentlich-rechtlichen Sender.

Diese Minderheit warnte vor der Unterwanderung von

ARD und ZDF durch Meinungs-Funktionäre, Parteiredakteure und IG-Medien-Apparatschiks.

Bürgertum und Medien

Nur: Die Warnungen fruchteten nichts. Die Ideologen sitzen heute nahezu in allen Schlüsselpositionen der Medien – unkontrolliert, unkontrollierbar; von einem satten und meist feigen Bürgertum durch Desinteresse an den Medien begünstigt – und vor allem von der IG Medien geschützt und gefördert.

Das, was das deutsche Bürgertum nach 1945 an Demokratie und Wirtschaft aufgebaut hatte, ließ es sich durch die Medien, die es der Linken schenkte, kaputtreden und zerschreiben – so wie Jahrzehnte später um ein Haar die Einheit dieses Landes. Das Bürgertum hat die Medien fast immer unterschätzt – und begnügt sich auch heute noch damit, die Manipulation durch Medien, die sie durch eigene Ignoranz mitverschuldet hat, duldend zu übersehen – schon um keinen Ärger mit den Medien zu verursachen.

Indessen erleben jene eine Renaissance, die unter dem Schlagwort Antifa angetreten waren, die dieses Land nie wollten und die Einheit schon gar nicht, und die seit der Wende den Zustrom der enterbten Genossen aus dem realen Sozialismus in der DDR begrüßen, die jetzt allesamt unter dem gemeinsamen Dach Antifa den Horror der eben zusammengestürzten Weltdiktatur des Kommunismus zu verstecken suchen.

Seit Ende 1992 wird in Deutschland kaum mehr über die roten KZ-Verbrechen und Millionen von Toten geredet, immer weniger über die ideologische Versklavung und Einsperrung von fast einer Milliarde Menschen im

Kommunismus auf dem eurasischen Erdteil berichtet – aber zunehmend, fast kampagnenhaft über vermeintliche neonazistische Umtriebe und angeblich faschistoide Organisationen, die sich zumeist als zukunftslose Randgruppen einer Sektiererszene entpuppen.

Die demokratische Äquidistanz der Medien zerbröckelte unter dem Druck dieser Antifa-Kampagne: Rechtsextremismus und Nationalsozialismus (in Deutschland ohne Chance) auf der einen, und Kommunismus und Linksterrorismus (via PDS und diverse Medien noch höchst lebendig) auf der anderen Seite werden in den deutschen Medien ungleich behandelt. Die agitatorische Aufblähung von Skinheads zu Neonazi-Gangs geht einher mit der unverhüllten Verbreitung sozialistischer Ideologien aus dem Archiv des Marxismus-Leninismus und ökologischer Wahnvorstellungen aus dem Fundus grüner Fundamentalisten. Der Terror, der eben verschied und dessen Blut noch nicht getrocknet ist, wird flächendeckend verschwiegen. Das, was vor einem halben Jahrhundert mit dem Sieg der Alliierten und der Umkehr des deutschen Volkes zur Demokratie für immer besiegelt wurde, wird von einer Antifa-Mafia als Schreckgespenst an alle Medienwände projiziert.

Wie funktioniert die vierte Gewalt?

Was treibt die ideologischen Kopfjäger der Nation um?

Wer zieht die Fäden im rotgrünen Netzwerk der Meinungsmache?

Die fünfte Feder

Im Januar 1987 faßte Luis Maria Anson, Generaldirektor der spanischen Nachrichtenagentur EFE, den international agierenden Funktionalismus der vierten Gewalt in einem Beitrag über *Die Phalanx der fünften Feder* zusammen, dessen Grundzüge trotz des Endes des Kalten Krieges im Prinzip zutreffen, da der ideologische Krieg unvermindert fortdauert: Der weltanschauliche Grabenkrieg der heimatlos gewordenen sozialistischen Linken gegen die bürgerliche Gesellschaft. Die wichtigsten Passagen der Anson-Analyse: »Im allgemeinen ... hat sich die gesellschaftliche Unterwanderung des Westens gegen dessen geistige Grundlagen formiert: gegen die Universität, die Literatur, den Film, das Theater, die Presse, den Rundfunk, das Fernsehen, die Musik. Sie wird sichtbar in Versammlungshallen, Kunstgalerien und in den Medien. Der Informationskrieg wird auf weltweiter Ebene ausgetragen, in Europa und Amerika, er durchdringt sämtliche Gebiete von der Universität bis zum Comic-Heft. Kein Winkel des Kommunikationswesens bleibt von der subversiven Infiltration verschont.

Diese Strategie hat vor allem Leute im Visier, die in Medien tätig sind. Nachrichtenagenturen, Zeitungen oder Funkstationen zu gründen oder anzukaufen ist teuer. Das überläßt man der Initiative tüchtiger Geschäftsleute ... Die Taktik ist vielmehr, diese Medien, in denen andere ihr Geld, ihre Anstrengungen und ihre Zeit riskieren, für eigene Zwecke zu nutzen. Dafür setzt man Journalisten ein. Sie sollen die Arbeitsprinzipien der Agenturen, Zeitungen, Zeitschriften sowie des Rundfunks verzerren.

Man will die Medien in den Händen derer wissen, die

den Umsturz der westlichen Gesellschaftsordnung betreiben, und zwar verdeckt, mit einem Minimum an Kosten und einem Maximum an Wirkung.

Die Strategen des Informationskrieges haben mit journalistischem Idealismus oder ethischen Prinzipien wenig im Sinn. Sie rollen keine trojanischen Pferde in die Städte des Westens – es geht einfacher und subtiler. Obwohl die überwältigende Mehrheit der Journalisten sich nicht bestechen läßt, gibt es... genügend unterbezahlte Reporter, denen man über gewisse Institutionen oder durch leichte Nebenarbeit ein zusätzliches Einkommen anbietet. Diese werden zunächst dazu verleitet werden, über ihre Verhältnisse zu leben, damit sie anschließend den Anweisungen ihrer Geldgeber gehorchen müssen. Mit dieser Methode werden freie Mitarbeiter, Kolumnisten und Redakteure bis hin zum Chefredakteur unter Druck gesetzt. Man sondert schwache Charaktere in leitenden Positionen nahe dem Machtzentrum aus oder Leute mit persönlichen Problemen oder einer kompromittierenden politischen Vergangenheit, und spannt sie in seine Dienste. Die meisten Journalisten schätzen allerdings beruflichen Erfolg höher als Geld. Diese versorgt man mit exklusiven oder vertraulichen Informationen. Haben sie einmal den Erfolg geschmeckt, kehren sie automatisch an die Quelle zurück.

Die Infiltrationstechnik verläuft, bei einer Zeitung zum Beispiel, folgendermaßen: Zunächst wird die Kontrolle über Herstellung und Technik angestrebt. Danach sind die Ressorts Kultur und Erziehung dran. Man kontaktiert etwa einen ›progressiven‹ Priester, der sich in der Regel für den Bereich Religion subversiv nutzen läßt. Oft gelangen Nachrichten... erst gar nicht auf den Schreibtisch des Chefredakteurs. In Europa und Amerika kommen von Demokraten und Liberalen finanzierte Zeitungen auf die Straße, die vor subtiler prokommunistischer Propaganda geradezu überquellen.

Wenn es sich als möglich erweist, die Redaktion zu infiltrieren, konzentriert man sich auf die Arbeiterschaft in der Produktion, um das Unternehmen finanziell zu unterminieren. Viele konservative und liberale Zeitungen Europas und Amerikas bilden heute ein leichtes Angriffsziel. Eine der angesehensten Zeitungen der Welt, die Londoner *Times*, weiß ein Lied davon zu singen, wie eine scheinbar unerschütterliche Institution untergraben wird.

In Funk und Fernsehen ist die Prozedur wegen mangelnder Aufsicht einfacher. Wo die Regierung das Fernsehen kontrolliert, werden die Machtstrukturen mittels journalistischer Verleumdungskampagnen und Bestechungen unterlaufen. Italien kann die Wirksamkeit dieser Taktik bezeugen.

Auch hier zielt die Stoßrichtung über die technische Arbeiterschaft in die einzelnen Ressorts und dann auf die Entscheidungsebene. Dabei werden Kinderprogramme nicht ausgespart. Denn der Informationskrieg ist ein langfristiger Kampf, in dem man auch das Gemüt der Kinder gewinnen muß, die ja schon jetzt mehr von Funk und Fernsehen als von Eltern und Schule beeinflußt werden.

Mit Geduld, Geld, Beharrlichkeit, ohne Eile, aber auch ohne falsches Zögern haben die Kräfte der Subversion die fünfte Feder eingeschleust, wie Arnaud de Borchgrave sie nennt. Ihre Existenz und ihre Wirkungsmacht in der gesamten westlichen Welt dürfen nicht mehr ignoriert werden.«

Die elf Gebote der Manipulation

Anson listet die Methodik der fünften Feder nach elf Punkten auf:

»Die fünfte Feder applaudiert dem Gräben aufreißenden Liberalismus der Kirche. Sie verteidigt die Abtreibung. Sie rechtfertigt die Drogensucht. Sie fördert die Pornographie. Sie zerbricht die Einheit der Familie. Sie macht die christliche Moral lächerlich. Sie verspottet den Papst. Mit einem Wort, sie müht sich unablässig, die christliche Zivilisation zu entwürdigen.

Die fünfte Feder will die Streitkräfte verunsichern. Sie hetzt liberale Offiziere gegen konservative auf. Sie zieht den Ehrbegriff der Armee in den Schmutz. Sie verunglimpft die Nationalfahne. Sie setzt die Offiziere herab. Sie vergiftet die Rekruten.

Die fünfte Feder unterstützt unmerkbar den Terrorismus. Sie verherrlicht seine kriminellen Handlungen, indem sie ihnen breiten Raum in den Medien gewährt. Sie übernimmt seine Terminologie – gerechte Forderungen. ›Exekution, Befreiung, Volksarmee, Volksgericht‹. Damit hilft sie den Terroristen zu ihrem ersten Sieg – in der Semantik.

Die fünfte Feder verbreitet die Diktatur der Angst. Die impft sie den Fibern der Gesellschaft ein. Sie startet hektische Kampagnen. Sie versucht durch die Märtyrerlügen von Terroristen, die von der Polizei vielleicht gefoltert wurden, das Image der Polizei zu trüben. Sie hackt auf gemäßigte Regierungen ein, seien sie konservativ oder sozialistisch.

Die fünfte Feder fördert den Streit zwischen rivalisierenden Parteien. Sie prostituiert sich den Politikern und geißelt sie gleichzeitig. Sie verängstigt sie, bespuckt sie, droht ihnen, verlacht sie, stellt sie bloß. Sie argumentiert mit Gefühl und Assoziation.

Die fünfte Feder schürt die Flamme des sozialen Konflikts. Sie unterstützt unvernünftige Lohnforderungen. Sie ruft zu wilden Streiks auf. Sie trägt zur wirtschaftlichen Unsicherheit bei.

Die fünfte Feder kontrolliert Schriftsteller, Maler, Musiker, Schauspieler, Sänger; denn die Medien, die sie infiltriert hat, loben nur diejenigen, die eine gewisse Linie verfolgen, während sie andere totschweigen. So schafft sie es, die Kultur zu unterwandern.

Die fünfte Feder lähmt Verleger und unabhängige Journalisten. Sie hegt die Herde hochmütiger Intellektueller. Sie beschuldigt jeden Journalisten, der nicht mitmachen will, systematisch der Sympathie für Faschismus. Sie fällt fanatisch über jeden her, der ihre Manöver aufzudecken wagt.

Die fünfte Feder entstellt die internationale Realität. Sie facht ökologische Kampagnen an ... Sie opponiert hysterisch gegen nukleare Kraftwerke.

Die fünfte Feder verwandelt die Meinungsfreiheit, die das stärkste Bollwerk unserer Zivilisation sein könnte, in die Achillesferse des Westens. Denn diese Freiheit ist oft nur noch eine Farce, die Farce der fünften Feder.

Die fünfte Feder manipuliert planvoll. Sie berauscht, verzerrt, entstellt, desinformiert; sie streut den Samen Kains in die aufgerissenen Furchen des Westens.

Sie betäubt die öffentliche Meinung, um eigenmächtig schalten zu können. Sie zwingt ihren intellektuellen Terrorismus auf ...«

Generalanweisung für Medien

Der alte Katalog Ansons liest sich wie eine Generalstabsanweisung für Medien heute:

Kirche, Armee, Gerichte, Familie – nahezu alle tradierten Säulen der Gesellschaft werden in den Medien pseudo-intellektuell unterlaufen, der Lächerlichkeit preisgegeben. Heitmanns Hinweis auf die Rolle der Frau in der Familie wird ebenso verrissen und verspottet wie wenige Monate später das Bekenntnis der Frau des neugewählten Bundespräsidenten Roman Herzog, sie erblicke in der Kindererziehung die schönste Aufgabe einer Frau. An die Stelle dieser als reaktionär denunzierten Werte werden progressive Positionen gesetzt, die sich kosmopolitisch gerieren, multikulturell, familienübergreifend freisexuell, gegenstaatlich und antimilitärisch – dies wird in den Medien der fünften Feder als Zeitgeist gelayoutet, dem sich der Intellektuelle und Bürger, der modern sein will, anschließen muß, wenn er nicht dem Gespött seiner Umwelt anheimfallen will, die ihn als Reaktionär von vorgestern ausschwitzt.

Der uniforme Druck dieser Zeitgeist-Agitatoren gegen die Grundlagen jeder Gemeinschaft ist vor allem bei jungen, ungefestigten Menschen nicht zu unterschätzen, zumal dann nicht, wenn sie das Elternhaus verlassen, um sich auf der freien Wildbahn des Lebens selbst zu bewähren.

An der Nahtstelle zwischen Elternhaus und Arbeitsleben, einer natürlichen pubertären Perforation, lauern alle Verführer jener jungen Menschen, die ihr eigenes Leben beginnen – von den antiautoritären Wahnvorstellungen über die politischen Verführer des abstrakten Zeitgeistes bis hin zu den konkreten Drogen.

Zweites Kapitel
Die Manipulation
Verschweigen, Verzerren, Verreißen

1.
Bewußter und gezielter Einfluß auf
Menschen ohne deren Wissen
Und oft gegen deren Willen.

2.
Absichtliche Verfälschung
von Informationen durch Auswahl,
Zusätze oder Auslassungen

3.
Machenschaften, undurchsichtiger Kniff.

Duden / Stichwort Manipulation
Das Fremdwörterbuch

Grimmiger Kohl, lächelnder Scharping. Markus Wolf markig, Volker Rühe schwammig, Gregor Gysi lächelnd, Kinkel kalt, Stoiber verklemmt, Klose denkend, Schönhuber wutverzerrt – das ideologisch illustre ABC manipulativer Meinungsmacher via Foto und Fotomontage ist so alt wie die Kunst des Bildes.

Plazierung der Nachricht (Was paßt, vorne groß. Was nicht paßt, hinten klein), Wortwahl der Überschrift (Schwefelsprache für den Gegner, Honigsprache für den

Genossen), obendrauf der bestellte Kommentar – das alles ist offensichtlich. Weniger offensichtlich sind zum Beispiel Feinheiten des Layouts oder der Mimik bei der Ansage von Nachrichten.

Am 1. April 1994 lieferte *Die Zeit* auf Seite 1 ein Stück Layout ab, das diese Form der Manipulation exemplifiziert. Über dem unteren Seitenrand plaziert das Blatt direkt nebeneinander drei Einspalter mit drei Überschriften, die der Leser – so aneinandergereiht – im Kontext lesen muß:

»Massaker – Rechtsruck – Totentanz.«

Die so suggerierte Assoziation sitzt: Rechtsruck ist eben auch totentanzschwanger und massakerlike.

Im Fernsehen kultivierte einst Barbara Dickmann die Kunst des mimischen Ausdrucks. Wenn sie in den *Tagesthemen* den Namen Helmut Kohls anzusagen hatte, schlich sich ihr ein fast unmerklicher Ekel in die Mundwinkel, die sich leicht senkten. Ihre Stimme nahm einen spröden Sound an. Die Augen der schönen Frau verloren für Sekundenbruchteile an Glanz. Dem Zuschauer übertrug sich eine Negativstimmung.

Führte sie aber Willy Brandt im Munde, kehrte der Glanz ihrer Augen zurück. Mundwinkel und Stimme hoben sich – dem Zuschauer übertrug sich ein positiver Gefühlsstrom.

Barbara Dickmann fand eine ganze Armada von weniger begabten mimischen Nachahmerinnen vom Schlage einer Amelie Fried – von Lea Rosh und Gisela Marx ist ohnehin ganz zu schweigen.

Bei den Herren beherrscht diese mimische Manipulation *Tagesthemen*-Moderator Ulrich Wickert am besten.

Sein einvernehmliches Dauerzwinkern mit dem Zuschauer erstarrt im Nu, wenn er einen Gesprächspartner auf dem Schirm hat, der ihm politisch nicht paßt: So gesehen bei Streibl, Stoiber und Rexrodt. Die freundliche Verbindlichkeitsmimik des Moderators vereist wie im Blizzard.

Jeder Moderator und jede Ansagerin arbeitet mit dieser mimischen Maske, die sich just im Moment der spontanen Gegenüberstellung mit Freunden oder Feinden selbst demaskiert: Die mimische Glattrasiertheit von Klaus Bresser, die Betroffenheitsartistik von Bednarz, der besserwisserische Gestus von Fritz Pleitgen, das blasse Verlegenheitslächeln von Eberhard Piltz, der giftige Blick der Illner im Zweiten oder Helmut Schimanskis begütigendes Zuzwinkern, Ernst »Grinsling« Elitzens Kunst, sein ewiges Lächeln ersterben zu lassen, wenn ihm einer gegenübersitzt, der etwas sagt, was ihm nicht paßt.

Ende 1989 erschien ein kleines *Manual für Medien-Manipulationen*, in dem neben den groben Gängelungen der Medien auch die feinen Nebensachen mit intimer Kenntnis beschrieben wurden: Die manipulierte Staffage des Backgrounds, die omnipotente Manipulation via Kamera (die stets als künstlerische Eigenständigkeit geschützt ist), der Cutter als Schnittmeister der entstellten Realitäten, die er durch Einfügen von Fremdmaterial und Verlagerung der Gewichte unbegrenzt verändern kann (wobei, wenn das Wort geblieben ist und nur das Bild geschnitten wurde, rechtlich nichts zu machen ist).

Schnitt – die Montage der bewegten Bilder

Der Schnitt, also die Montage von bewegten Bildern, ist wohl die effektivste Möglichkeit der Fernseh- und Radio-Manipulation. Besonders raffiniert, rasante Zwischenschnitte von ein oder zwei Einzelbildern, die nur vom Unterbewußtsein wahrgenommen werden können.

Beispiel: In einem Werbespot für Giscard d'Estaing wurden mehrmals winzige Sequenzen mit dem Kopf Mitterrands eingefügt. Mit ein und demselben Bild- und Ton-Rohmaterial kann der Manipulator im Grund genommen alles durch Weglassen, Einfügen und Umstellen ausdrükken. Dazu die Möglichkeiten manipulierter Vertonung und Begleitmusiken, die Methodik der Präsentation – ein unendliches Feld, das sich dem Blickwinkel des Zuschauers oder des Lesers vollends entzieht.

Plumper, aber nicht weniger effektiv, die »Umrahmungs-Strategie«: Das Statement eines Politikers wird durch Vorabkommentierung regelrecht zerstückelt – tägliche Praxis alles Politsendungen querbeet durch die Anstalten von Funk und Fernsehen.

Die Montage feiert zuweilen auch bei den gedruckten Medien fröhliche Urständ – so bei der Plazierung und Auswahl von Fotos: etwa das verzerrte Heitmann-Foto, Berlusconi mit Hitler-Gruß (er hatte in Wahrheit wie ein Weizsäcker oder Jelzin die Hand zum Winken erhoben), Scharping ewig lächelnd, Kohl finster – Plazierung und Auswahl von Fotos (oder News) als eine Art der stillen Manipulation.

Anders die direkte Montage: Peter Dittmar hat in der *Geistigen Welt* vom 25. Juni 1994 (»Von Trotzki blieb nur noch der Ellenbogen übrig«) die schwarze Kunst des Fotomontierens zum Zwecke der Geschichtsfälschung dargestellt. Etwa das Foto des ČSSR-Staatspräsidenten Svoboda neben Alexander Dubček vor dem Prager Veitsdom. Nach dem Prager Frühling und Dubčeks Fall wurde dieser aus dem Foto montiert – nur: Die Fälschung war erkennbar, denn man hatte vergessen, Dubčeks Schuhspitze zu entfernen. Ähnliches Künstlerpech hatten die Polit-Retuscheure etwa bei dem Bild, auf dem Trotzki grüßend neben Lenin stand. Nach dem Wegretuschieren des in Ungnade gefallenen Trotzki, den Stalin später in Mexiko ermorden ließ, blieb der Ellenbogen Trotzkis im Bild. Nach den Moskauer Prozessen, bei denen Stalin das halbe Politbüro ermorden ließ, verschwanden die ermordeten Kamenjews und Sinowjews aus allen offiziellen Fotos.

Oder das historische Foto von der Schweigeminute zu Maos Tod auf dem Platz des Himmlischen Friedens zu Peking.

Im Originalfoto sind 21 Personen abgelichtet worden, die sich ehrfürchtig verneigen. In dem späteren offiziell verbreiteten Foto klafften große Lücken. Man hatte die »Viererbande« und andere unbequeme oder mitlerweile liquidierte Politiker einfach aus dem Foto herausgeschnitten. Mao ließ sich im übrigen bis zu seinem Tode als Mann der besten Jahre retuschieren – so wie auch Breschnew oder einst Michail Gorbatschow, dem das Muttermal auf der Stirn jahrelang wegretuschiert wurde.

Eine bemerkenswerte Möglichkeit der Manipulation ergibt sich neben Montage, Schnitt, Betonung natürlich auch durch die News-Plazierung. Paßt eine Nachricht ins politische Konzept, wird sie ganz oben plaziert, auf dem Titel oder zum Beginn einer Sendung – auch wenn sie kaum nachrichtenrelevant ist. Ist eine Nachricht brisant, aber paßt nicht zur Linie, wird sie versteckt. Auch hier erweist sich der *Spiegel* als Meister manipulativen Plazierens. Bei der gegängelten Wortwahl hat der *Spiegel* ebenfalls Pionierarbeit geleistet. Personen, die dem *Spiegel* nicht liegen, werden beispielsweise als Hardliner bezeichnet. Hardliner heißt – subkutan – immer rechts und verstockt. Oder vor den Namen eines nicht genehmen Politikers wird das Adjektiv umstritten gestellt. Unumstritten ist umstritten die hinterhältigste, uneinklagbare Vokabel psychologischer Demontage. Ein »umstrittener« Politiker ist nicht mal mehr die halbe Miete wert. Die vom *Spiegel* redigierte semantische Kriegsführung des linken Medienkartells ist Stoff für eine eigene Fallstudie.

Der zerredete Präsident

Eine der probatesten Manipulationen ist die schon erwähnte Umrahmungstechnik. Beispiel: Kohl gibt eine Erklärung ab. Die Anmoderation der Erklärung betont die negativen Aspekte derselben. Dann kommt Kohl, kurz und knapp, mit einem zerhackten Part seiner Erklärung. Danach dann die Kommentatoren – in der Regel durch die Bank negativ. Die Kohl-Erklärung ist erfolgreich durch die Umrahmungsmethode zerredet. John Silber, Präsident der Universität Boston, hat in seinem Buch *Ist Amerika zu retten?* ein Beispiel solcher Umrahmungsstrategien beschrieben: »Nachrichten als Unterhaltung, wie sie heute auf dem Bildschirm präsentiert werden, unterliegen auch einer Form der Zensur. Nehmen wir an, der Präsident der Vereinigten Staaten hält eine wichtige Rede. Was passiert? Ein Kommentator erscheint vor der Rede, um das Publikum mit vorgekauten Worten darauf vorzubereiten, was der Präsident gleich sagen wird. Nach der Rede erzählt eine Runde von Kommentatoren dem Publikum, was der Präsident eben gesagt hat. Dabei zitiert kein Kommentator die Worte des Präsidenten, weil das eine Wiederholung wäre und deshalb keinen Unterhaltungswert hätte. Statt dessen fügen die Kommentatoren ihre eigenen Interpretationen und Akzente hinzu.

Danach kommentieren Politiker der Oppositionspartei die Rede, aber das reicht immer noch nicht. Noch entferntere Kommentatoren werden herbeigerufen, um die Rede zu interpretieren: Experten anderer Nationen werden aufgefordert, uns nicht nur mitzuteilen, was der Präsident gesagt hat, sondern auch, was er meinte. Um die Dinge auf die Spitze zu treiben, bemüht der Sender russische Experten, die den Ernst und die Glaubwürdigkeit unseres Präsidenten kommentieren. Kann man sich vorstellen, daß die BBC während der Luftschlacht um Großbritannien nach Churchills Rede ›Wir werden sie auf dem Land und dem Meer bekämpfen...‹ zu einem Kommentar von Dr. Goebbels nach Berlin umgeschaltet hätte? Hätte unser Rundfunk nach Franklin Delano Roosevelts Kamingesprächen einen Kommentar von Herbert Hoover gesendet?«

Silber weiter: »Wie wir alle unterliegen auch Journalisten den Versuchungen der Macht. Ebenso wie die Macht können Politiker sie korrumpieren. Und da die vierte Macht im Staat durch das Fernsehen unermeßlich einflußreicher geworden ist, sollten die Journalisten in den elektronischen Medien sich ihrer wachsenden Verwundbarkeit durch die Korruption bewußt sein. Viele Journalisten betrachten sich inzwischen nicht mehr als objektive Reporter, sondern als eine loyale Opposition. Diese gegensätzliche Beziehung widerspricht der Objektivität. Opposition mag die Pflicht eines Politikers oder einer Partei sein, aber sie verletzt die Verantwortung des Journalisten, die darin besteht, so objektiv und leidenschaftslos wie möglich zu berichten, was geschieht.

Die Arbeit des Reporters sollte wie ein makellos klares und durchsichtiges Glasfenster sein, durch das der Zuschauer oder Leser die wichtigen Ereignisse des Tages sieht. Heute ist in der Praxis des ›persönlichen‹ Journalismus bei der Nachrichtenvermittlung häufig die Objektivität der Unterhaltung und dem persönlichen Ehrgeiz – und vermutlich der größeren Popularität – des Reporters zum Opfer gefallen. Das bewirkt einen Interessenkonflikt, den jeder gute Reporter sofort anprangern würde, wenn er ihn bei einem Politiker feststellte. Das Glasfenster wird dadurch verschmutzt und verzerrt. Zu oft sehen und lesen wir nicht, was tatsächlich geschehen oder gesagt worden ist, sondern die persönlichen Meinungen der vierten Macht.

Doch die Verzerrung resultiert nicht nur aus den Methoden individueller Reporter, schlimmere Verzerrungen entspringen der Übung, Nachrichten zu erfinden, statt sie mitzuteilen. Es ist schon immer der besondere Ehrgeiz von Nachrichtenagenturen gewesen, als erste mit den Neuigkeiten herauszukommen. In jüngerer Vergangenheit ist dieser traditionelle Imperativ vor allem im Fernsehen zu einem Wettrennen um die Neuigkeiten degeneriert, bevor sie eintreten. Die Regierung veröffentlicht jeden Monat verschiedene ökonomische Statistiken zu Arbeitslosigkeit, Inflation, Handel, Bruttosozialprodukt und ähnlichem. Die Frühnachrichten beginnen nicht etwa mit diesen Zahlen nach deren Freigabe, sondern mit der Einschätzung verschiedener Experten, die voraussagen, was gleich berichtet wird. ›Heute‹, intoniert der Fernsehreporter, ›wird die Regierung mitteilen, daß sich die Handelsbilanz verschlechtert hat.‹ Vor einigen Jahren sagten die Experten sechs Monate lang alle vier Wochen – von den gegenteiligen Anzeichen unangefochten – ein Anwachsen der Arbeitslosigkeit voraus. Monat für Monat überführten die veröffentlichten Zahlen die Experten des Irrtums. Das bewog jedoch die Sender keineswegs, nach neuen Expereten zu suchen, die verläßlichere Voraussagen treffen konnten. Sie verzichteten auch danach nicht auf diese Art der Prophezeiung, und sie kehrten nicht reumütig zurück zu der puren Meldung von Nachrichten, von Ereignissen – was ja nur heißen kann: nachdem sie sich ereignet haben.«

Soweit Silber. Was er sagt, klingt wie eine Beschreibung der Medien hierzulande.

Der *Apron Plus*-Horror

Die Manipulation nimmt sich immer mehr ökologischer Phänomene an, da sie der gemeinen Vernunft zugänglicher sind und bedrohlicher wirken als die ausrangierten Ladenhüter aus der marxistischen Klassenkampfkiste. Die ökologischen Themen, zumeist irrational hochgezogen wie Ozonloch, Radioaktivität, Erderwärmung oder Genmanipulation, erfreuen sich breiter Akzeptanz, weil das unfaßbar Nichtzugängliche, das Nichtgreifbare, Nichtanfaßbare den Reiz des Gespenstischen, des Unbegreiflichen besitzt und damit alle konkret faßbaren Langweiligkeiten, die man zur Genüge kennt, auf das attraktivste ablöst.

Im Bildschirm liegt ein toter Vogel. Millionen sind traurig. Ein toter Vogel hat hohen Aufmerksamkeitswert – gleich nach dem toten Hund, der, so eine Umfrage, noch vor toten Kindern rangiere. Es ist der 26. Januar 1994 in den ARD-*Tagesthemen*. Bernd Janssen, Reporter des Ersten, filmt an der deutschen Nordseeküste. Neben einem Beutel des Pflanzenschutzmittels *Apron Plus* liegt der tote Vogel. O-Ton des ARD-Reporters: »Ein Beutel reicht, um mindestens zwei Menschen zu töten.« Aber ist der

Vogel überhaupt an *Apron Plus* verendet? Die Kamera zeigt das nicht. Der Reporter sagt das nicht.

Aber diese optische Assoziation – eine manipulative ohne Zweifel – zwischen dem Giftbeutel, der zwei Menschen töten kann (was heißt das genau?), und dem toten Vogel suggeriert diesen Zusammenhang für Millionen Zuschauer unterschwellig und doch zwingend.

Der Beutel *Apron Plus* scheint unversehrt. Und der Reporter sagt nicht, warum der Vogel tot ist. Altersschwäche? Von anderen Vögeln getötet? Erfroren? Es ist eisig an diesem 26. Januar 1994 an der Nordsee. Der Reporter schweigt und verschweigt. Ihm (und offenbar auch der ARD) genügt die illustre Kombination toter Vogel neben Giftbeutel.

Ein Frachter hatte das Mittel zur Pilz- und Insektenbekämpfung verloren. Tausende Beutel mit *Apron Plus* wurden an die französische, holländische und später auch die deutsche Nordseeküste gespült. Ist das Mittel tatsächlich tödlich? Für Bernd Janssen, den ARD-Reporter, ohne Wimpernzucken ja. Er hatte – ohne zu sagen, woher er das wisse – erklärt, daß ein Beutel zwei Menschen töten kann. Und was abstrakt zwei Menschen tötet, bringt allemal konkret diesen einen Vogel um – so die ARD-Logik dieses Berichtes.

Statt nun nach dem Reporterbericht einen Sachverständigen zu fragen, wie *Apron Plus* wirkt, um den Zuschauer zu informieren – so auch das ungeschriebene Gebot des journalistischen Alphabets –, zaubert das Erste sofort einen der allzeit bereiten Kommentatoren auf die Mattscheibe: Alfred Thorwarth. Mit Leichenbittermiene haut der noch mal richtig auf die Katastrophenpauke: »Die Tüten enthalten eine tödliche Fracht.« Tödliche Fracht – der Krimititel sitzt. Kaum ein Zuschauer zweifelt noch an der

Tödlichkeit des Giftes – die 16fache Wirkung des gezeigten Bildes gegenüber dem gesprochenen Wort entkräftet ohnedies alle eventuell nachgetragenen Relativierungen oder gar Korrekturen per Wort. Da nichts relativiert und korrigiert wird, wie so oft im Fernsehen, bleibt das bebilderte Vorurteil fest im Hinterkopf des Zuschauers als programmiertes Vorurteil stecken, zumal auch das ZDF das Schauerstück inszeniert.

Im Magazin *Frontal* am 1. Februar 1994 setzt der ZDF-Reporter eins drauf. O-Ton Zweites: »In der Giftbranche sind die Deutschen Weltmeister.« Diese durch nichts bewiesene Diffamierung der deutschen Industrie sitzt wie die tägliche Horrormeldung aus Biblis & Hoechst, Gift & Co. Wozu braucht der Zuschauer dann noch einen Sprecher des Herstellers, der Ciba-Geigy AG, darüber zu hören, wie giftig das Mittel ist, ob es tatsächlich Menschen umbringt und Vögel tötet – und vor allem, ob der gezeigte tote Vogel durch das Gift getötet wurde. Für das Fernsehen aber ist das alles uninteressant, selbst wenn es den toten Vogel ganz woanders gefunden hätte. Das Fernsehen hat den Fall ja längst unterschwellig bebildert und auf subkutane Wirkungsweise gelöst: Apron Plus tötet zwei Menschen und einen Vogel. Für *Bild* noch viel zu wenig. Am 27. Januar 1994 schockt auch das Massenblatt die Nation mit der panischen Schlagzeile: »Stirbt jetzt die ganze Nordsee?« *Bild* weiß: »Nicht die ganze Nordsee.« Immerhin.

Das Zerrbild vom Giftbeutel, der Menschen töte und Vögel umbringe, wurde nicht nur im öffentlich-rechtlichen Fernsehen gesendet, sondern vom privaten Rundfunk ebenso übernommen, wie anderntags das Schauerstück von 500 Blättern nachgedruckt wurde.

Heiner Bremer, einst linkelnder *Stern*-Chefredakteur,

dann Sprecher des Springer-Konzernvorstandes, seit 1994 Moderator des *RTL-Nachtjournals* – welch Karriere – nahm die Giftbeutel als offensichtlich willkommenen Anlaß, der fragwürdigen niedersächsischen Umweltministerin Monika Griefahn, die sich bei jeder Gelegenheit um die Gesamtzukunft des Planeten sorgt, einen zusätzlich wahlhelfenden Auftritt zu verschaffen – statt eines Wissenschaftlers. Frau Griefahn erinnerte daran, daß es ja gerade sie war, die schon immer »für stärkere Kontrollen von gefahrvollen Transporten auf See plädiert« habe – so als ob das andere Politiker nicht täten, die allesamt ein gepflegtes Katastrophengefühl sofort zur Schau stellen, wenn sie zum Schirm gebeten werden. Bremer attestierte Frau Griefahn sofort im Gegenzug – welch hinreißend plumpes Zusammenspiel –, daß sie »wirksam gegen die Giftgefahr auf dem Festland und auf den Inseln kämpfe«.

Zwei Wochen später ist das angeblich die ganze Nordsee bedrohende Gift kein Thema mehr. Aber ein drastischer Rückgang der Feriengäste an der Nordseeküste. Der Kurdirektor von Juist, Udo Gesang, vorsichtig in *Wiso*: »Die Darstellung in Rundfunk, Fernsehen und in der Presse war meines Erachtens sehr überzogen und wurde der Gefahrensituation nicht gerecht.«

Nichts war dran, und kein Grund zur Sorge für Besucher der Küste – so später die *Stiftung Warentest*.

Selbst die professionellen Angsttrompeter von *Greenpeace* gaben Entwarnung. *Greenpeace*-Mitarbeiter Michael Krautter: »Das war keine große Naturkatastrophe, sondern nur eine unnötige zusätzliche Belastung.«

Niemand fliegt zum Ozonloch

Übrigens: Die Meere, die Luft, das Ozon, die Strahlen, also nicht greifbare Sachen, die sich den Sinnen entziehen oder nicht nachforschbar sind (wer durchschwimmt schon Weltmeere, um nach deren Vergiftung zu forschen; wer fliegt auf zum Ozonloch, um es zu sichten?) – solche Sachen sind die beliebtesten Vorzeigeobjekte der ökologisch motivierten Alarmjournaille.

Alles, was konkret erfahrbar, anfaßbar ist, kommt im Katalog der panikstiftenden Frustmedien gar nicht erst vor.

Deswegen sind auch die sozialistischen Standardthemen vom Klassenkampf und der seit über hundert Jahren – »zunehmenden Verelendung der Massen im Kapitalismus« aus dem Katalog dieser Medien genommen worden, da jedermann nachprüfen kann, daß die sozialistisch-marxistischen Klassenkampf-Thesen längst durch die Realität widerlegt worden sind. Das linke Medienkartell hat von Marx auf Baumsterben, von Klassenkampf auf Ozonloch, von Ausbeutung auf Atomangst geschaltet.

Aber auch mit *Greenpeace* kann das mal schiefgehen. Und zwar so: ZDF, 15. März 1994. Frühstücks-TV aus Mainz für ARD & ZDF. Die an Leipzigs Universität gelernte Marxistin Maybrit Illner in tiefer Betroffenheits-Pose. Am Bosporus hatte es in der Nacht einen Tankerunfall gegeben. 15 Tote. Verletzte. Maybrit Illner kündigt an, nach den Ursachen zu fragen. Wen fragt sie danach: Könner, Kenner, Kapitäne? Mitnichten. Sie fragt einen »Experten« von *Greenpeace* namens Peter Küster, einen Mann, der mit einem verzweifelt zerknitterten Endzeitkatastrophen-Gesicht am Schirm erscheint. War das Schiff überladen? fragt Maybrit Illner. »Das weiß ich nicht«, antwortet der Greenpeaceler. Konnte es nicht mehr navigieren? forscht Frau Illner weiter. »Weiß ich nicht«, gibt Küster zur Antwort. Hatte es kein Reservesystem? »Weiß ich nicht«, zuckte Küster die Achseln.

Auf keine Frage wußte Küster eine Antwort. Aber auf die Frage von Maybrit Illner, wer denn schuld war an dem Unglück, hatte Küster sofort eine Antwort parat. Wie aus der Pistole geschossen, sagte er: »Der Mensch!« Der Mensch? »Ja, der Mensch verbraucht zuviel Öl. Und die Opfer sind die Fische. Aber die können nicht klagen.« (Ob das ZDF einen Hausarzt hat?)

Monitor: Kinder ohne Hände

Schnitt. Das ARD-Magazin *Monitor* zeigte am 24. Februar 1994 vor knapp fünf Millionen Zuschauern Kinder, die rund um die Nordsee ohne Hände geboren wurden (wieder das gruselige See-Syndrom!) Dabei schieben die *Monitor*-Manipulatoren die Schuld subkutan jener Industrie zu, die die Nordsee verschmutzt – etwa durch Abwässer, Ölreste, Tanker- und Bohrinselkatastrophen, Flugzeugunglücke. Das technophobische Szenario wird zum Horror, dem unschuldige Kinder zum Opfer gefallen seien. Das Urteil der Wissenschaft wird in dieser elektronisch transportierten Hiobsbotschaft gar nicht erst ernsthaft eingeholt; es könnte der von Bednarz orchestrierten Katastrophenaufführung die Vorstellung verhageln. Nur: Schon nach wenigen Wochen wird *Monitor* ausgerechnet durch *Die Zeit* vom 25. März 1994 der bloßen Panikmache überführt.

In einem Gespräch mit Dr. Ursula Frost, die zu den wenigen »international anerkannten Fachleuten für angeborene Defekte der Extremitäten gehört« – so die *Zeit* –, sagt diese zum *Monitor*-Report, der in der ganzen deutschen Presse einen ebenso umfangreichen wie vor allem ungeprüften Widerhall fand, folgende Sätze über den Bericht, der »offenkundig ohne jede Sachkunde verfaßt wurde«: »Aus den veröffentlichten Bildern (in *Monitor*) geht hervor, daß die Journalisten sehr verschiedene Formen der Fehlbildung in einen Topf geworfen haben, die medizinisch ganz anderen Ursprungs sind – und damit sicher auch verschiedene Ursachen haben. Wer ernsthaft nach unbekannten Schadensquellen sucht, der sollte nicht Auto-, Schiffs- und Flugzeugunglücke zusammenzählen, auch wenn sie der gemeinsame Oberbegriff ›Verkehrsunfälle‹ verbindet.«

Weiter Dr. Ursula Frost in der *Zeit*: »Gerade deshalb mißbillige ich es auch, wenn in der Presse vordergründig Fürsorglichkeit für Behinderte ins Feld geführt, dabei aber schlampig mit Daten und Fakten umgegangen wird. Die Leidtragenden solch publizistischer Schnellschüsse sind verängstigte und schwangere Frauen und Mütter von Kindern, die wirklich andere Sorgen haben.« In *Monitor* und in der sonstigen Presse war nach dieser *Zeit*-Publikation vergebens nach einem Dementi oder doch wenigstens nach einere Relativierung des Horrorberichts zu suchen. Im Gegenteil – *Monitor* behauptete weiter den Schaden.

Die Katastrophalo-Sinfonien in Hiob-Crash-Moll gehören – und nicht von ungefähr – zum Repertoire jener deutschen Medienstrategen, denen es mit Marx, Moskau, Mittag und Mao nicht glückte, auch nur einen Bürger hinter dem politischen Ofen hervorzulocken – denen es aber nun mit links gelang, Tschernobyl an den Rhein zu verlegen und Millionen Zuschauern mit einseitig gefärbten Berichten, Kinostücken und Fernsehspielen zu suggerieren, daß hierzulande gleiches passieren könnte, obwohl jeder Journalist wissen müßte, daß in Tschernobyl ein »Wellblechreaktor« – so Siemens – ohne im Westen selbstverständliche Sicherheitssysteme aus dem Boden gestampft wurde, der weniger für die Stromerzeugung als für die schnelle Herstellung von Atomwaffen-Plutonium da war.

Marxismus durch die Öko-Hintertür

Regnet es nicht, ist die Industrie schuld, die die Natur durch katastrophale Erwärmung der Atmosphäre aus dem angeblichen Gleichgewicht bringt. Regnet es ohne Unterlaß, wird die Industrie natürlich auch auf die Anklagebank geschoben, da sie die Natur aus der weniger realen als fiktionalen Balance gebracht hatte, die Alpen zersiedelt, die Bäume durch Abgase vernichtet, die Ozonschicht durch Treibgase zerstört.

Der gesamte Katastrophen-Katalog der rotgrünen Umwelt-Propheten zielt haargenau darauf ab, die für die Umweltschäden verantwortlichen Industrie-Barone (*die Reichen, die Besitzenden*) zu denunzieren – ohne die alten marxistisch-leninistischen Agitprop-Parolen zu benutzen. Die neue Klassenkampftheorie ist ein ökologisch aufgemachter Stellvertreterkrieg der von der Geschichte endgültig 1989/90 Widerlegten. Es ist aber der alte Klassenkampf, der sich lediglich ökologisch kostümiert: Die Reichen, Auto-Bosse und Atom-Moguln, vergiften die Umwelt – alle Menschen sind ihre Opfer. Klassenkampf, massenwirksam, total. Hätte das Marx geahnt.

Der Marxismus kommt durch die ökologische Hintertür wieder zurück ins Mediengeschäft.

Die Klassenkampf-Ideologie des orthodoxen Marxismus-Leninismus ging an der als kapitalistisch denunzierten Demokratie, die sie liquidieren wollte, zugrunde. Die dogmatische Lehre, nach der das Proletariat die klassenlose Gesellschaft durch »Expropriation der Expropriateure« (Marx) – Enteignung der Enteigner – herstellen sollte, scheiterte an der Tatsache, daß der Hochkapitalismus in den führenden Industrieländern Wohlstand und soziale Sicherheit für alle bereit hielt. Er bewirkte also das Gegenteil dessen, was im Kommunismus nur eine Fiktion blieb, die zu keiner Zeit auch nur im Ansatz realisiert werden konnte. Weder in der Produktion und schon überhaupt nicht im Konsum. Ganz im Gegenteil: »Der Pro-Kopf-Verbrauch an Fleisch, Butter, Eiern, Obst und Gemüse im letzten Jahr der Zarenherrschaft wurde in den folgenden gut siebzig Jahren der kommunistischen Herrschaft nie wieder erreicht. Rußland stand damals auf Platz sieben in der Rangliste der wirtschaftlich stärksten Nationen der Erde. Die Sowjetunion wirtschaftete das Zarenerbe bis zum Jahre 1990 auf Platz 77 herunter ... Heute haben die Bürger der ehemaligen Sowjetunion eine Lebensqualität wie die Einwohner der Sahelzone. Nur das Wetter ist schlechter.« (Erich Wiedemann: *Die Ängste der Welt*)

Die Marxisten mußten weg vom peinlichen Vergleich der Wirtschaftssysteme: Das sozialistische Feindbild von der herrschenden Klasse kapitalistischer Ausbeuter ist in den achtziger Jahren abgelöst worden durch das Feindbild einer Industriegesellschaft, deren Manager die Erde unbewohnbar machen. Die Hauptstoßkraft des linken Medienkartells geht seither zunehmend in Richtung der vermeintlichen Umweltzerstörung durch die herrschenden Industriemächte der westlichen Welt. Es geht in den

Medien-Kampagnen nicht mehr um soziale Eigentumsverhältnisse, die nach überkommenen Marx- und Lenin-Rezepturen moralisierend zur Diskussion gestellt werden, sondern es geht um Treibhauseffekt, Waldsterben und Ozonloch, wobei die Atomindustrie von den rotgrünen Kampagneros zum Hauptfeind stilisiert wird.

Der Salat-Dreh des *Spiegel*-Redakteurs Höfl

Drei Wochen nach Tschernobyl grillten deutsche Strahlenforscher zwei Sauen namens Max und Moritz und schlangen sie anschließend mit Wohlbehagen herunter, obwohl die armen Tiere zuvor wochenlang mit radioaktivem Cäsium im Futter gemästet worden waren – obendrein noch mit Natrium, Kobalt und Mangan. Solch Frevel ereignete sich unmittelbar vor den Türen Münchens ausgerechnet im *Institut für Strahlenschutz* – einer Einrichtung der bundeseigenen *Gesellschaft für Strahlen- und Umweltforschung*. Auf die Spur dieses Grill-Horrors kam ein *Spiegel*-Schreiber namens Heinz Höfl, der vier Seiten in Augsteins Magazin (*Eine Denkpause könnten wir uns leisten*, Spiegel Nr. 23/1986, S. 35 ff.) räumen ließ, um den angewandten Strahlinismus deutscher Radiologen bloßzustellen.

Daß Höfl die Forscher trotz der Sauen-Röstfete noch lebend – und das – nach Tschernobyl antraf, war purer Zufall. Auch sonst wurde Höfl seiner Verwunderung nicht Herr, alldieweil die Professoren des Instituts offenbar gar nicht über die »ökobiotischen Tschernobyl-Vernichtungsfolgen und erbmassen-verändernden Gen-Katastrophen« (*Spiegel*), von Krebs und Leukämie ganz zu schweigen, aufgeklärt schienen. So bedeutete ihm Professor Wolfgang Jacobi, Chef des Instituts für Strahlenschutz: »Tschernobyl ist für uns kein Anlaß, wieder in die Strahlenforschung einzusteigen.«

Höfl sah offenbar seine *Spiegel*-Story über das Tschernobyl-Desaster gefährdet, zumal ihm auch Professor Felix Wachsmann, Jacobis Vorgänger im Amt, eine Abfuhr erteilte. Dieser bedeutete dem *Spiegel*-Mann, daß es an der Zeit sei, nicht nur über die Schäden, sondern vor allem auch einmal über den Nutzen von radioaktiven Strahlen nachzudenken.

Wachsmann: »Bei geringen Dosen gibt es weniger Leukämie, weniger Lungenkrebs, längeres Leben.«

Ob solch professoraler Zurechtweisung war Höfl mit der Welt doch wohl eher entzweit. Aber auch Professor Paretzke vom *Institut für Strahlenforschung* bedeutete den vom *Spiegel* ausgeschickten Strahlen-Spürnasen: »Die Folgen von Tschernobyl werden in Deutschland nie nachweisbar sein.« Höfl, um Hilfe flehend an den Professor Friedhelm Korte, immerhin Leiter des *Instituts für Ökologische Chemie*, mit der Frage nach den Folgen von Tschernobyl gewandt, erntete von diesem »nur eine verächtliche Handbewegung« – auch dieses Zitat wörtlich aus dem *Spiegel*.

Da sagte sich offenbar des *Spiegels* Strahlemann, daß er mit einem solchen Ergebnis bei der auf Angstpublizistik eingeschworenen Zentralredaktion des Blatts wohl kaum eine Zeile unterkriegen werde. Im letzten Augenblick durchschaute er wie durch einen Zufall das ganze fadenscheinige Forschergeplapper am *Institut für Strahlenschutz* an der Ingolstädter Landstraße 1 in Neuherberg. Der *Spiegel*-Report wörtlich: »Test am Buffet der Kantine in Neuherberg: Professor Wolfgang Jacobi, Leiter des Strahlenschutzinstituts, verschmähte den grünen

Blattsalat noch am vorletzten Mittwoch, 25 Tage nach Tschernobyl.« Treffer. Die monströse Schizophrenie deutscher Strahlen-Professoren schien bloßgestellt. Jene Forscher, die nach außen so tun, als ob nach Tschernobyl uns kein Becquerel mehr etwas anhaben könnte – aber selbst kein Blatt Salat zu sich nehmen. Nur Höfls Salatstück stimmte so natürlich nicht. Höfl im *Spiegel*: »Jacobi ... verschmähte den grünen Blattsalat noch am vorletzten Mittwoch ...«

Diesen Satz setzte Höfl offenbar in voller Absicht an den Schluß seines *Spiegel*-Artikels, der ja gegen seinen Willen die Gefahren von Tschernobyl für Deutschland relativierte. Mit der manipulierten Marginale, daß der oberste Strahlenmensch keinen Salat esse, widerlegte er subjektiv alles, was eben dieser Jacobi über die nicht vorhandenen Gefahren von Tschernobyl dokumentiert hatte. Jacobis Einlassungen ist also kaum zu trauen – er verschmäht ja auch den Salat.

Dabei spielte das Wörtchen *noch* den Indikator. Höfl schrieb nicht – verschmähte den grünen Blattsalat auch am vorletzten Mittwoch – damit wäre ja impliziert, mit diesem *auch*, daß Jacobi möglicherweise auch an vorhergehenden Tagen Salat verschmäht hätte. Das *noch* aber transplantiert dem Leser, semantisch infam, ein psychologisch wirksames Alarmsignal in den Gedankenkreislauf: Noch am 25. Tage nach Tschernobyl aß Jacobi keinen Salat – eindeutiges Indiz für die Gefahr, die dem Salat innewohnen dürfte.

Professor Jacobi dazu am Tag nach dieser *Spiegel*-Veröffentlichung zum Autor: »Natürlich hatte ich nach Tschernobyl keine Angst vor Blattsalat und diesen auch wie immer gegessen. Nur: In der Kantine des Instituts nehme ich grundsätzlich keinen Salat, nicht weil er dort schlecht ist. Mir sind die Portionen aber zu klein und zu teuer. Ich esse Salat zu Hause.« Dies hätte Höfl natürlich mühelos erfahren können, wenn er es gewollt hätte. Er hat es nicht gewollt. Er hat nicht gefragt, es hätte ihm seine Story kaputtgemacht. Professor Jacobi: »Höfl war mit mir in der Kantine. Aber er hat mich mit keiner Silbe gefragt, warum ich keinen Salat gegessen habe und ob ich sonst Salat esse.«

Drittes Kapitel
Die radio-aktiven Angstmacher
Medienkrieg gegen die Industriegesellschaft

*»So fühlt sich kaum jemand gefährdet,
wenn man ihm sagt, er würde mit einer
Wahrscheinlichkeit von 1mal in 10 Milliarden
Jahren von einem Meteoriten erschlagen – aber
niemand könne ausschließen, daß es nicht
schon in der nächsten Sekunde geschehe ...
Moderne Medien machen Gefahren
erfahrbar, die einen selbst nie wirklich betreffen ...
die Überwindung der Angst vor dem Feuer
hat etwa 600 000 Jahre, das bewußte
Entzünden von Feuer weiterer 200 000 Jahre
der Menschheitsentwicklung bedurft.
Es sollte niemand wundern, daß die Kernenergie,
apokalyptisch eingeführt über die Atombombe,
nach nur einer Generation noch
Angst einflößt.«*

PROFESSOR WOLFGANG STOLL
Mitglied der Enquête-Kommission des Deutschen Bundestages Zukünftige Kernenergiepolitik 1981

Das Zentralorgan für ökologische Hiobsbotschaften und angewandte Technophobie, die Berliner *Tageszeitung*, kurz *Taz*, machte das Blatt am 26. Mai 1994 mit der schwarzen Balkenüberschrift auf: »USA blasen deutsches

Atomei aus«. In der Unterzeile heißt es: »Washington verhindert Lieferung von waffenfähigem Uran für den geplanten Reaktor Garching«.

In dem folgenden Text wird dem Leser der Eindruck vermittelt, als ob eine unbelehrbare Gruppe deutscher Forscher und Techniker den amerikanischen »Bombenstoff« für undurchsichtige Experimente nutzen wollte.

Eine Aktionsgruppe um den als Kernkraftgegner bekannten Physiker Hans Peter Dürr instrumentalisierte die *Taz*, um deren rund hunderttausend Lesern neue Überlebens-Formeln für die erschlaffende Front der sogenannten Antiatomis zu liefern.

Die *Taz* räumte an diesem 26. Mai auch ihre gesamte Seite 3, um unter der Schlagzeile »Memorandum gegen Atomhasardeure« die Botschaft zu verkünden: »Neuer Reaktor torpediert Atomwaffensperrvertrag« – zu deutsch: Münchener Forscher würden im Forschungsreaktor München II (FRM-II) mit waffenfähigem Uran experimentieren, so als ob sie demnächst einen Atomkrieg vorbereiten würden.

Tatsächlich geht es bei dem Forschungsreaktor – ein Winzling: 200mal kleiner als Biblis – lediglich um die Erprobung des hochdichten Uransolizid-Brennstoffs, der die Kernkraft erheblich billiger und zur »sichersten Sache der Welt« werden ließe – so Alan Kupermann vom Washingtoner *Nuclear Control Institute*. Aber exakt das wollen die Grünen und die *Taz* schon gar nicht. Deshalb werden in der *Taz* täglich neue Horrormeldungen über Kernkraft-Bedrohungen und andere Öko-Manien veröffentlicht.

Einen Monat nach der Plotte über waffenfähiges Uran aus München wartete die *Taz* am 17. Juni 1994 mit der Schlagzeile auf: »Kalkar-Plutonium nach Rußland«. Unterzeile des Seitenmachers: »RWE will die plutoniumhaltigen Brennelemente für den schnellen Brüter jetzt an den unfallträchtigen Atombrüter Belojarsk verkaufen«. Richtig ist, daß sowohl Bonn als auch Washington – RWE wie Siemens sowieso – die sofortige Schließung von Tschernobyl fordern und alle russischen KKWs auf westlichen Sicherheitsstandard umrüsten wollen, ehe irgend etwas geliefert wird.

Die Grünen haben den Ausstieg aus der Kernenergie zum Hauptstück ihres Parteiprogramms gemacht.

Die SPD, in der Hoffnung auf grüne Stimmen, hat sich dem angeschlossen und fordert zu Wahlzeiten ebenfalls mit schöner Regelmäßigkeit den Ausstieg aus dem Kernenergieprogramm – für Joschka Fischer ist das energiepolitische Ausstiegs-Versprechen der SPD nichts anderes als »grüne Kosmetik«, so Fischer in dem Streitgespräch mit Scharping in der *Zeit*, Pfingsten 1994. Das von Jens Feddersen erkannte »rotgrüne Beziehungsgeflecht« in den Medien steht seit Jahren voll hinter dem Ausstiegsprogramm aus der Kernenergie und befördert diese »Absage an das Atom« (*Frankfurter Rundschau*) zum täglichen Generalthema ihrer Medien.

Der *FAZ*-nahe Informationsdienst *Medien-Kritik* dokumentiert seit Jahren Woche für Woche die ökologisch motivierte Falschberichterstattung im allgemeinen und die über Kernenergie im besonderen. *Medien-Kritik*-Chefredakteur Gero Kalt hat in einer Fallsammlung namens *Schlecht informiert* einen Band zu diesem Thema herausgegeben, in dem er en detail die »haltlosen Szenarien« der öffentlich-rechtlichen Sender zur Kernenergie analysiert. Kalt geht dabei auf den Fernsehbericht *Annäherung an Tschernobyl* im ZDF vom 23. April 1991 ein, der abends um 19.30 Uhr immerhin 3,81 Millionen Zuschauern Ängste massenhaft suggerierte. Ein krankes Kind erscheint im Bild. ZDF-Kommentar: »Es ist krank vom nuklearen Regen.« Die *Süddeutsche Zeitung* hatte den ZDF-Bericht – natürlich – vorab herausgestellt mit dem Hinweis, daß hier das Fernsehen aus einer Region berichte, »in der das Sterben das Normale ist«. Der TV-Report legte dann massiv nach. Ohne jeden Beleg wurde behauptet, es gäbe bereits 70 000 Tote durch Tschernobyl, »täglich werden es mehr«.

Kalts vernichtende Analyse der ZDF-Sendung: »Zahlen aus der Luft gegriffen«, »Keine offiziellen Studien«, »Auslassen zentraler Informationen«, »Gerüchte kolportiert«. Kein anderes Thema wird in den deutschen Medien, vorwiegend in ARD und ZDF, so an den Realitäten vorbei dramatisiert wie die Kernenergie, die prinzipiell als Atomenergie deklariert wird, um durch die Verwendung des Wortes Atom die Assoziation zur Atombombe zu erzeugen.

Eine ganze Kompanie ökologisch indoktrinierter Journalisten ist offensichtlich darauf spezialisiert, die Kernkraft als eine »der größten Bedrohungen der Menschheit« (*Spiegel*) darzustellen. Allen voran versucht sich immer wieder erfolgreich Franz Alt in der Panikmache. Am 22. Juni 1994 verschaffte er sich in der *Die andere Meinung*-Kolumne der *Welt* seinen Platz für täglichen Horror. Wegen der »kriminellen Energiepolitik« rechnet Franz Alt den Lesern der *Welt* allen Ernstes solchen Nonsens vor: »Verhungert jede Sekunde ein Mensch, ... zerstören wir jede Minute 30 Hektar Regenwald, ... stirbt jede Stunde eine Tierart aus, ... sterben jeden Tag 100 Pflanzenarten aus.« Horrorszenarien, die durch nichts zu beweisen sind.

Gesellschaftlich legitimiert wird diese Spezies publizistischer Fürchtegotts sowohl durch die militanten Bewegungen extremer Kernkraftgegner als auch durch den ökologischen Forderungskatalog der Grünen und der deutschen Sozialdemokratie. Mit schöner Regelmäßigkeit mutieren kleinste Betriebsunfälle in Kernkraftwerken in den Medien zu radioaktiven Horrormeldungen. Kernkraftwerke, so der *Spiegel*, könnten »gleich in die Luft fliegen« – obwohl jeder mit der Sache vertraute Leser weiß, daß ein westliches KKW niemals »in die Luft fliegen« kann.

Kein Bereich der Realität wird vom links-ökologischen Medienkartell mehr umgefälscht als die Kernenergie – seit Tschernobyl mit der Absicht, den Bürger so lange mit dem Atom Angst einzuflößen, bis er psychologisch ausstiegsreif desinformiert ist, um seine Stimme für den Ausstieg aus der modernen Gesellschaft, deren energiepolitische Geschäftsgrundlage die Kernenergie ist, zu geben.

Die Grünen haben von Anfang an genau gewußt, daß ihr ideologischer und militanter Aufmarsch gegen die Kernenergie das probateste Mittel gegen die kapitalistische Gesellschaftsform ist, die sie im Grunde immer abgelehnt haben.

Die Antiatombewegung ist nichts anderes als die letzte Formierung der antibürgerlichen Gegengesellschaft. Ihren Hebel setzt sie mit den Medien an.

Am erfolgreichsten seit Tschernobyl, das sie kurzerhand von der Ukraine an den Rhein verlegten. Dabei verschweigen sie, was in Tschernobyl tatsächlich geschah. Tatsachen sind die vitalsten Feinde der Manipulation – und das waren die Fakten von Tschernobyl:

Medien vernebeln Tschernobyl

Rückblende: 26. April 1986, 1.35 Uhr. Der Samstag ist keine zwei Stunden alt. Beim ukrainischen Energieminister Witalik Fjodorowitsch Sklarow klingelt das Telefon. Sklarow schreckt auf. Am Apparat meldet sich der diensthabende Dispatcher vom Kontrollzentrum des ukrainischen Elektrizitätsverbundes. Er teilt Sklarow mit, daß sich im Block 4 des KKW Tschernobyl eine Explosion ereignet hat.

Tschernobyl ist eine jener sowjetischen Atomfabriken, die im Schnellverfahren ohne berstsichere Schutzkuppel über dem Reaktor und ohne mehrere weitere Sicherheitssysteme in die Landschaft gestellt wurden, um rasch an Strom und spaltbares Material für Wasserstoffbomben zu gelangen – also mit keinem KKW in der westlichen Hemisphäre vergleichbar. Diese Tatsache wird in der rasenden Meldungssturmflut der Medien nach Tschernobyl mit suggestiver Permanenz unterschlagen. Es gibt in der westlichen Welt nicht ein einziges KKW, das ohne diese verschiedenen Sicherheitsmaßnahmen gebaut wurde. Professor Jacobi vom Münchener *Institut für Strahlenschutz*: »Ein völlig unvorstellbarer Vorgang.«

Erst – ebenso unvorstellbar – um 2.15 Uhr erreicht Sklarow endlich den Direktor des Kernkraftwerkes, der zwar einräumt, die Lage sei ernst, aber verschweigt, daß die Explosion den Reaktor zerstört hat. Die exakte Explosionszeit wird später mit 1.23 Uhr angegeben – 12 Minuten später wurde Sklarow informiert. Der Generalstabschef der sowjetischen Streitkräfte, Marschall Achromejew, wird um 2.20 Uhr unterrichtet. Gegen 7.30 Uhr der Verteidigungsminister. Gegen 9.30 Uhr Gorbatschow.

Erst 36 Stunden später, am Nachmittag des 27. April 1986, werden die Einwohner von Pripjat, der künstlich aufgezogenen Atomstadt, in Busse und Lkws verladen und umgesiedelt.

Auch heute sind die Auswirkungen der ukrainischen Kernschmelze im ungeschützten KKW Tschernobyl noch nicht abzusehen. Fest steht, daß nach den 32 Toten, die unmittelbar vor Ort tödlich verstrahlt wurden, 1015 weitere Menschen, die bei Aufräumungsarbeiten nach dem Atombrand beschäftigt waren, starben. Insgesamt waren 600 000 Menschen bei den Aufräumungsarbeiten eingesetzt, davon 300 000 Soldaten.

Sklarow: »Das Schändlichste und Unangenehmste, was in Tschernobyl passierte, war, daß nichts und niemand auf eine solche Katastrophe vorbereitet war. Es gab keine Katastrophenpläne, keine Schutzmittel, nicht einmal Medizin zur Behandlung der Schilddrüse.« Sklarow hatte selbst nach einem Blutaustausch, der nach der erlittenen Verstrahlung angezeigt war, eine Lebenserwartung von höchstens noch zwei Jahren: »Ich bin mit einem Mitarbeiter mit dem Auto bis etwa 50 Meter an den Reaktor herangefahren und habe erst da begriffen, daß der Reaktor explodiert ist. Es hat sich alles in mir vor Angst zusammengepreßt.«

Tschernobyl am Rhein

Während noch russische Hubschrauber Sandsäcke auf die glühende Reaktorruine warfen, hatten Deutschlands Alarmmedien total auf Panik geschaltet: Eine Flut von Horrormeldungen aus Cäsium, Becquerel und »radioaktiver Molke« ergoß sich über das Land. Tödliche Gefahren wurden beschworen für das Leben – in Deutschland wohlgemerkt.

Mütter zogen ihre Kinder aus vermeintlich kontaminierten Sandkästen, ganze Familien wagten sich nicht unter den angeblich strahlenden Himmel, normale Durchschnitts-Passanten schlugen auf Frauen ein, die trotz Radio-Warnung »radioaktive Pilze« gekauft hatten. Selbst kleinste Regionalblätter druckten täglich für niemanden verständliche Becquerel-Werte für Pfifferlinge. Der Nation standen die Haare zu Berge.

Tschernobyl war über Nacht von den Medien perfekt an den Rhein verlegt worden. Keine Meldung war den deutschen Radio-Aktivisten albern genug, um sie nicht zu senden oder zu drucken. Keine Medien-Aktion vorher fand größeren Widerhall in den Ängsten der Bürger. Kontaminierte Pilz-Paniken und Milch-Menetekel dominierten die Schauer-Statements der Rundfunkreporter.

Der Hessische Rundfunk hatte dabei eine Pionierrolle übernommen. In *Tagesschau* und *Heute* huschten tschernobyle Betroffenheits-Artisten mit tickenden Wünschelruten über die Bildschirmmitte – mit jedem Tick ein Tag weniger im Leben der Post-Gau-Generation.

Im Chor heulend, verkündeten die Desaster-Derwische Endzeit – und die Sendeleitungen verschwiegen, antiatomar durchtrainiert, den Zuschauern tunlichst, daß diese eisernen Wünschelruten immer ticken, selbst noch auf den harmlosesten Sonnenstrahl reagierend, der hinter dicken Wolken hervorkriecht.

Jahrelang schoben routinierte Desaster-Spezialisten einen »strahlenden« Molkezug als Cassandra Crossing durch die Lande, obschon jedermann, der es wissen wollte, wußte, daß diese Molke nicht im geringsten gesundheitsschädlich war.

Erich Wiedemann: »Die Geisterzüge wurden so behandelt, als wenn Container mit gesättigten Aids-Nährlösungen an Bord gewesen wären. Ökosturmtrupps blockierten Bahnhöfe, um genau das zu verhindern, was sie forderten, nämlich daß die Waggons auf entlegene Abstellgleise geschoben werden konnten. Rote und grüne Genossen schrien frenetisch nach Entsorgung, und als dann entsorgt werden sollte, waren sie ebenso frenetisch dagegen.« Selbst die öffentliche Vorführung couragierter Politiker und Journalisten, die sich auf die Molken-Hysterie – donnerndste Zugnummer im deutschen Tschernobyl-Neurosen-Zirkus – einlassen wollten und vom angeblich strahlenden Stoff naschten, selbst diese Vorstellung änderte nichts an der öffentlich hochgeplusterten Millirem-Manie.

Nichts ist beharrlicher als eingeredeter Nonsens – siehe Hanns Hörbigers sogenannte Glacialkosmogenie.

Wahnsinn Welteislehre

Der Vater der beiden deutschen Schauspiellegenden Paul und Attila Hörbiger – Vorfahr der famosen Christiane Hörbiger – hatte 1910 mit einem bloßen Blick durch ein Fernrohr die fixe Ansicht gewonnen, das All bestünde durchweg aus Eis. Der Nonsens wurde über Nacht durch die Wiener Zeitungen zum modischen Nationalirrtum hochstilisiert. Ganze Beletagen der Wiener High Society kauften sich Fernrohre, um die Glacialkosmogenie bestätigt zu finden: Die Welteislehre, die fast sechs Jahre lang in vielen Teilen Europas die Astrophysik nachhaltig blockierte. Bezeichnenderweise setzte sich dieser unwissenschaftliche Nonsens im Kopf von Goebbels und seiner

NS-Physik fest, ehe er vollends von der Weltbühne verschwand, auf die ihn die Medien gehoben hatten.

Nonsens hat stets große Chancen, geglaubt zu werden, wenn er nicht erfaßbar oder faßbar ist – wie das Weltall einst, das Atom heute. Folglich: Angst macht alles, was neu ist, vor allem das, was man nicht versteht.

Blitztelegrafisch aufgeblasene Medieninfernos trommelten nach Tschernobyl auf Otto Normalmenschs Durchschnittshirn ein, bis eine rationale Diskussion unmöglich geworden war. Das Land wurde über Nacht von den Tschernobyl-Medien emotional aufgeladen. Daß der Weltuntergang nicht als sofortige Folge der hemmungslosen Panikorchestrierung stattfand, galt den Thriller-Strategen nur als Beweis dafür, daß er unmittelbar bevorstünde.

Die Überformel der professionellen Trübsinn-Katastrophalos lautet, den Zeitgenossen die Welt unentwegt als radioaktives Jammertal zu vermiesen, insbesondere den Germanen, die mit an der Spitze der High-Tech-Generation marschieren. Die Angsttrompeter orchestrieren komplette Schwermuts-Sinfonien. Noch einmal Erich Wiedemann: »Das Leben in Deutschland ist ein einziges perpetuum terribile, die Deutschen sind ein Volk ohne Zukunft, beladen mit Erbschande und dazu verurteilt, zwischen sterbenden Wäldern, Meeren und Flüssen ein grausames Dasein als gläserner Untertan zu fristen, ein Volk, das umstellt ist von Schloten, Spitzeln, Schnellen Brütern und Raketen, bedroht von Kernkraft, Computer-Power und von tausend Giften, kurzum: eine Gemeinschaft von Zombies, der nichts bleibt als die Hoffnung auf den erlösenden Endknall oder auf das letzte Flugzeug nach Neuseeland.«

Die professionellen Frustlinge scheuten nicht einmal

vor der millionenfach verstärkten Präsentation brauner NS-Ideologen zurück, die mit Nazi-Kokolores die Depressionsschübe der schwatzhubernden Technophoben anschieben halfen.

Kein Thema, wenn es nicht vom SWF zu einem gemacht worden wäre.

Anti-Atomkraft durch NS-Freunde

Ein pensionierter Schiffahrtslehrer namens Harm Menkens aus Grünendeich bei Stade tauchte am 20. Januar 1987 in der Fernsehsendung *Baden-Baden Report* als eine Art Kronzeuge für die radioaktive Vernichtung der Umwelt auf. Dem strahlenden Seemannslatein, das Menkens bei dieser Gelegenheit flüssig von der Zunge tropfte, war zu entnehmen, daß in seinem nahe dem KKW Stade gelegenen Vorgarten atomar geknickte Flora anzutreffen sei. Da eine Forsythie, deren sonst so gerader Stengel zur Spirale degeneriert worden sei. Dort eine Margerite, deren »Erbinfos« von gespenstisch herumgeisternden Wellen verändert worden seien. Menkens: »Ich glaube, daß diese Veränderungen durch den Tschernobyl-Unfall verursacht worden sind.«

Glaube. Blumen. Tschernobyl.

Der radio-aktive Klabautermann weiter im Text: »Wissenschaftler aus Bonn und Wien haben mir das bestätigt.«

Wolfgang Moser, damals verantwortlicher SWF-Redakteur des Horror-Pamphlets – mittlerweile wegen ähnlicher Absonderlichkeiten des SWFs verwiesen –, war so ergriffen von Menkens floristischem Menetekel, daß er – ganz gegen seine sonst übliche Art – vergaß, nachzuhaken, welche Wissenschaftler dies denn Menkens bestätigt hätten.

Er hätte es schnell erfahren: keiner – Menkens hatte das Blaue vom Himmel heruntergelogen. Sein Gruselreport wurde bis auf den Tag durch keinen Wissenschaftler auch nur im Ansatz zur Kenntnis genommen, geschweige denn bestätigt.

Was Moser aber verschwieg: Menkens war Rassist reinsten Wassers, stammte aus der Blubo-Ecke der NS-Vergangenheit. Mosers Menkens zählt zu den Protagonisten des Auschwitz-Leugnens. Am 20. September 1979 faselte der Altnazi Menkens im *Stadener Tageblatt*, daß die Juden zu Recht ins KZ gekommen wären.

Die Vergasung der Juden bezeichnete Menkens als »Greuelmärchen«. Wörtlich: »Das ist eine Propagandalüge.« Menkens behauptete, es sei umgekehrt gewesen: »Die Juden wollten das deutsche Volk ausrotten...« Dabei spielte für den braunen Pauker a. D. das KKW Stade eine herausragende Rolle. O-Ton Menkens: »Die Vernichtung im embryonalen Zustand geschieht im Unterelberaum zur Zeit durch den Betrieb von Kernkraftwerken.«

In Vorträgen und Zeitungen verbreitete er: Der ewige Jude will das deutsche Volk ausrotten. Zu diesem Zweck hat er sich der großkapitalistischen Kernkraftwerke bemächtigt, deren radioaktive Strahlung er nutzt, um die reinrassig nordische Brut in arischen Mutterleibern abzutöten. Der ehemalige Vorsitzende des Zentralrats der Juden, Heinz Galinski, damals über Menkens Ausführungen: »Es ist das Widerwärtigste, was ich seit Hitler gelesen habe.«

Unglaublich, aber wahr: *Report*-Chef Franz Alt und sein damaliger Redakteur Wolfgang Moser, beide fanatische Kernkraftgegner, strapazierten den Altnazi Menkens und den ehemaligen KZ-Wächter Walther Soyka als Kronzeugen gegen die »Atomlobby« im Lande. Moser hatte Soyka in einem Artikel des *Niedersächsischen Ärzteblatts* aus dem Jahre 1978 entdeckt, in welchem über Soykas Leukämie-Report berichtet wurde. Dieses Pamphlet, das über angebliche Häufung von Leukämie-Fällen im Umkreis des KKW Lingen referierte, beruhte auf einer Umfrage bei Totengräbern. Durch Ansprechen von Totengräbern und Friedhofsgärtnern und mit Hilfe von Suchanzeigen in mehreren Zeitungen wurden die Namen von verstorbenen Kindern ermittelt – in keinem Falle wurden von Ärzten festgehaltene Krankheitsgeschichten verwertet. Soyka behauptete, daß mit der Inbetriebnahme des KKW Lingen die Leukämiefälle sprunghaft angestiegen seien, und unterschlug, daß die Inkubationszeit bei Leukämie – die Zeit zwischen Schädigung und Auftreten von Leukämie – sechs und mehr Jahre beträgt, also nicht unmittelbar nach Inbetriebnahme des KKW mit diesem in Zusammenhang gebracht werden kann. Soykas Methode erinnerte an ähnliche Leukämie-Kampagnen in den USA, deren Überprüfung immer ergab, daß sie auf Manipulation bei statistischen Auswertungen beruhten.

Auch in England werden immer wieder Leukämiefälle in der Umgebung von Kernkraftwerken mit diesen in Zusammenhang gebracht. Die *United Kingdom Atomic Energy Authority* hat diese Behauptungen mehrfach en detail widerlegt, ebenso das House of Commons.

Selbst der *Spiegel* versah am 5. August 1991, ganz gegen seine sonstige Pflege der Suggestivbehauptungen, einen Beitrag zum Thema mit Fragezeichen: »Leukämie durch Atomkraft?«

Das Blatt resümiert, daß kein Zusammenhang zwischen Leukämie und Kernkraftwerken belegt werden kann, diese Unterstellung bleibe im Bereich bloßer Vermutungen.

Es fiel auf, daß die zitierte Soyka-Umfrage selbst von Atomkraftgegnern als »Nonsens« ad acta gelegt wurde.

Nicht so bei *Baden-Baden Report*. Moser und Alt, die von der NS- und SS-Vergangenheit der Judengegner Menkens und Soyka wußten, scheuten sich nicht, diesen braunen Blubo-Fanatiker im öffentlich-rechtlichen Fernsehen einem Millionenpublikum als Kronzeugen gegen die Kernenergie vorzuführen.

Wer ist Soyka? 1926 geboren, meldete sich dieser Mann bei Hitler freiwillig zur SS, die ihn alsbald als Aufseher im KZ Hallein einsetzte. Bis 1986 war dieser Ex-KZ-Wächter nicht von ungefähr Vorsitzender des Hartmut-Gründler-Klägerverbandes für Volksgesundheit und biologische Sicherheit (Ludendorff-Kreis – ein rassistischer Herrenclub). Es zählt übrigens zu den Pikanterien des deutschen Linksjournalismus, daß *Zeit, Frankfurter Rundschau, Süddeutsche,* obwohl über Menkens und Soyka unterrichtet, Mosers und Alts Agitprop-Wühlen im braunen Morast ihren Lesern vorenthielten. Menkens hetzte auch gegen Vietnamesen. Im *Stadener Tageblatt* schrieb Menkens, daß die Aufnahme vietnamesischer Flüchtlinge die rassische Struktur der deutschen Bevölkerung beeinträchtigen würde.

In dem 17 Minuten währenden Beitrag brachte Wolfgang Moser weiteren unglaublichen Nonsens unter: Ein Team der Uni Bremen (Flurfunk: Die Bremer Strahlenmutanten) reisten zum KKW Stade, um zu demonstrieren, wie die zarte Pflanze Tradescantia auf Radioaktivität reagiere.

Die – mitgebrachte – Tradescantia, neben dem KKW aufgestellt, wechselte die Farbe – was den Bremern als Beweis aktueller Radioaktivität galt.

Dieses Gewächs aus der Gattung der Kommelinenpflanzen, so einer der Bremer vor laufender Kamera, »ist ein Bioindikator für Radioaktivität«. Weiter O-Ton Uni Bremen über die »Verseuchungsquote« des KKW Stade. Dort wurde angeblich eine »signifikante Erhöhung der Mutationsrate im Haupteinflußbereich der Abluftfahne des AKW festgestellt«.

Das KKW Stade dazu: »Bluff. Diese Mutationsrate gibt es nicht.« Töpfers Umweltministerium: »Kinderspielchen. Mit geschwollenen Vokabeln wie *Mutationsrate, signifikant* oder *Abluftfahne* soll Horror verbreitet werden.«

Tatsächlich erweist sich das Beispiel mit der Tradescantia als alter Trick. Diese längliche Staude mit den eiförmigen Blättern und blauen oder lilafarbenen Blüten ist wie prädestiniert für demagogische Radio-Aktivisten: Die sensible Pflanze wechselt bei jedweder Strahlung die Farbe, selbst bei bloßem Sonnenschein. Sogar auf übliche Umweltgifte reagiert sie mit Farbwechsel. Als Strahlenindikator ist sie nur unter genau definierten Treibhausbedingungen tauglich – sonst nicht. In der Kernforschung spielt sie keinerlei Rolle. In der Praxis der Strahlenmessung hat sie den Wert jener tickenden Strahleneisen, mit denen sich selbsternannte Umweltpolizisten vor Millionen Zuschauern ins Bild setzen lassen, um Strahlenängste zu schüren.

Moser zerrte alles ans matte Licht des Mediums, was zur Agitation gegen das Atom herhält. So etwa die längst widerlegte Behauptung des Öko-Biologen Günther Reichelt: »AKWs verstärken das Waldsterben.« Genau das

Gegenteil ist der Fall: Fossile Brennstoffe verursachen das Waldsterben. Kernkraft schont Wald und Umwelt.

Moser weiß, daß Bilder eine 16- bis 20mal größere Wirkung haben als das gedruckte Wort. So blendete er zu des KZ-Wächters Leukämie-Plotte krebskranke Kinder ein.

Ein Plasmaphysiker schob eine Mißgeburtenkurve ins Fernsehbild. Zum Finale des Fürchtegott-Furiosums lahmten schließlich deformierte Atomkühe über italienische Weiden, angebliche Spätopfer eines AKWs der Römer. Medienauftrag erfüllt: Die erzeugte Angst sitzt.

Todesstrahlen à la ARD

Im April 1991 jährte sich Tschernobyl zum fünften Male. Aus den Medien regnete es nochmals radioaktive Asche. Der Hessische Rundfunk, federführend bei Atomhorror, produzierte fürs Erste ein Panikstück über den Supergau des KKW Biblis, das die ARD zum Jahrestag von Tschernobyl am 2. Mai 1991 *(Todesstrahlen)* sendete.

Über den Wert der Sendung berichtete anderntags eine Zeitungsanzeige der deutschen Stromindustrie (bezeichnenderweise vor dem Machwerk nie konsultiert), die mit 21 Kernkraftwerken ein Drittel des Stroms im Lande erzeugt.

Wörtlich schreiben die Stromversorger: »Das Sicherheitskonzept unserer Kernkraftwerke schließt einen Unfall mit den Umweltbelastungen wie in Tschernobyl praktisch aus. Eine Tschernobyl-Anlage hätte in Deutschland nie eine Genehmigung bekommen.« Bester Beweis: Die Abschaltung der ostdeutschen KKWs und Stillegung aller KKW-Projekte nach der Wiedervereinigung.

Der ARD-Film wurde bewußt zum Jahrestag von Tschernobyl ausgestrahlt – er verlegte den Gau vom Pripjet nach Hessen unter Verschweigung des himmelweiten Unterschieds zwischen Tschernobyl und deutschen Kernkraftwerken: Der sowjetische Reaktortyp RBMK 1000, der in Tschernobyl und anderswo in der UdSSR steht, kennt, wie schon angedeutet, weder ein Reaktordruckgefäß noch ein Containment aus Stahl und Stahlbeton. Das sowjetische Reaktorgebäude besteht nur aus einer Halle in Leichtbauweise. Außerdem funktioniert der sowjetische Reaktortyp nach einem völlig anderen Prinzip. Wenn bei deutschen (westlichen) Reaktoren die Kühlung ausfällt, erlischt die Kettenreaktion von selbst. Beim russischen Reaktor indessen geht's dann erst richtig los.

Die *Internationale Atomenergie-Organisation* in Wien hat in fünf Thesen die Unfall-Ursache von Tschernobyl festgehalten:

1. In Tschernobyl sollten Versuche bei Schwachlast (7 Prozent Leistung) durchgeführt werden.

2. Zur Vorbereitung der Versuche wurden absichtlich Veränderungen im Sicherheitssystem des KKW vorgenommen, die Teile des Reaktorschutzsystems und der Notkühlung blockierten. Dadurch konnte der Eindruck entstehen, diese unerlaubten Eingriffe allein hätten die Katastrophe verursacht.

3. Tatsächlich haben diese Eingriffe eine Überhitzung eines Teiles der Brennelemente und das Verdampfen des umgebenden Kühlwassers in den Druckrohren herbeigeführt.

4. Die eigentliche Katastrophe aber entstand erst dadurch, daß nun der positive Dampfblaseneffekt zum Tragen kam und die Reaktorleistung innerhalb einer Sekunde auf den hundertfachen Wert der Nennleistung, das heißt,

um den Faktor 100 der Ausgangsleistung anstieg. Dieser Anstieg bewirkte die erste Explosion des Primär-Leitungssystems einschließlich der Dampftrommeln und der Kernummantelung.

5. Eine oder mehrere weitere Explosionen zerstörten das Reaktorgebäude, so daß eine Verbindung vom zerstörten Reaktorkern zur Umgebung gegeben war. Die Umweltkatastrophe war eingeleitet.

Westliche Leichtwasserreaktoren haben grundsätzlich einen negativen Dampfblaseneffekt, das heißt bei Wasserverlust oder -verdampfung schalten sie sich ab. Sie würden anders nicht genehmigt.

Auch das von Kernkraftgegnern unentwegt in allen Medien zitierte Harrisburg hat nichts mit dem zu tun, was nur in Tschernobyl passieren konnte. In Harrisburg hielt das Containment, das in Tschernobyl gar nicht erst vorhanden war. Nur durch den Schornstein eines Aufbereitungsgebäudes kam eine einzige Wolke mit 15 Curie Jod 131. Das war ohne jede Auswirkung – ohne jedwede Auswirkung. Es gab weder Verstrahlte noch sonstige Kontaminierte – geschweige denn Tote. Lediglich eine Wolke mit 15 Curie Jod – in Tschernobyl sind mehr als eine Million Curie in die Luft geflogen. Das ist der Unterschied. Aber für die Antiatom-Medienszene nicht der geringste Anlaß, Harrisburg aus dem Spiel zu lassen. Harrisburg wird grundsätzlich zur Linken im Zusammenhang mit Tschernobyl zitiert.

Diese Verbindung zweier Namen, die für zwei Sicherheitssysteme der Kernkraft stehen, die nichts, aber auch gar nichts miteinander zu tun haben, hat demagogische Methode.

Vor dem sowjetischen RBMK-Kernreaktor hatte schon 1979 der damals führende sowjetische Kernphysiker Pjotr Kapiza gewarnt. Kapiza bezeichnete diesen »Wellblechreaktor«, so der deutsche Siemens-Kernphysiker Karl-Rudolf Schmidt *(Nutzenergie aus Atomkernen),* als »tickende Atombombe«.

Sowjetische Ökologen warnten seit über einem Jahrzehnt vor dem Wildwuchs ungesicherter sowjetischer Atomfabriken. Zeev Wolfsohn, einer der prominentesten Sowjetökologen, der nach Israel floh, veröffentlichte in *Kontinent (»Kernenergie in der Sowjetunion«)* 1986 einen Bericht über das Werk Atommasch, das eine Serienproduktion russischer AKWs in der Nähe eines Stauwerks aus dem Boden stampfte, wobei die Montagehalle abzusacken begann. Er schilderte das Atomunglück im sowjetischen AKW Schewtschenko am Kaspischen Meer 1973, den schweren Unfall im AKW Rowono, 300 Kilometer von Tschernobyl entfernt. Von diesen Sowjetkatastrophen war in deutschen Medien kaum die Rede.

Statt dessen wird die radioaktive Wolke von Three Mile Island bei Harrisburg am 29. März 1979 zum posthumen Super-Gau aufgepumpt, obwohl nichts passierte. Die angeblich verstrahlten Harrisburg-Kälber, die von Antiatomis im Umkreis des KKW Three Mile Island geortet wurden, erwiesen sich als Phantom-Kühe – sie wurden nie dingfest gemacht.

Capital veröffentlichte 1980 eine Tabelle über die tatsächlichen Katastrophen 1979 – also dem Jahr des Harrisburg-Störfalls. Durch Naturkatastrophen, Flugzeug- und Schiffsunglücke, Großfeuer und andere Großunglücke wie Grubenkatastrophen kamen etwa 25000 Menschen um, durch Reaktor-Störfälle, inklusive Harrisburg, niemand. Erich Wiedemann: »Die Zahl der Bergleute, die seit Kriegsende bei Grubenunglücken ums Leben kamen oder an Staublunge starben, liegt um mindestens drei

Nullstellen höher als die Zahl der Toten von Tschernobyl.«

Agitpropkraftwerk Kreml

Aus Moskau kamen die politisch aufgezäumten Anti-AKW-Parolen in trauter Eintracht mit harter DM- und Dollar-Valuta, um »die Demoszene der nützlichen Fernlenk-Idioten«, so ein KGB-Aktivist im privaten Plausch, zu finanzieren. Moskau heizte die Anti-AKW-Kampagnen weltweit an, weil das Politbüro der KPdSU damit eine Doppelstrategie zu realisieren glaubte: Zum einen schwäche jede Stillegung eines Kernunternehmens wie Biblis oder Brokdorf die Bundesrepublik. Zum anderen stärke jedes atomare Abnabeln vom Westen die Sowjets, die damit instand gesetzt würden, den Westen ans rote Gas anzunabeln.

Die Explosion von Tschernobyl nutzten die Agitations-Artisten des Kreml: Sie verfuhren nach der Haltet-den-Dieb-Methode und waren den antiatomaren Alternativos dabei behilflich, Tschernobyl in den Westen zu verlegen. In sämtlichen West-Diskussionen spielte nach kurzer Zeit der eigentliche Katastrophen-Ort Tschernobyl keine Rolle mehr. Tschernobyl fand nun in Westdeutschland statt. Eine Anti-AKW-Demo hetzte die folgende. Wackersdorf wurde geopfert.

Als Moskau 1990 ideologisch und wirtschaftlich zusammenbrach, schien die Antiatomszene wie gelähmt. Mit dem Exitus der ideologischen Nährmutter Moskau wird die Anti-Atombewegung tatsächlich sukzessive ausgehöhlt: Denn die ideologische Motivation der machtpolitischen Strategie kommt zunehmend in Wegfall. Das neue, sich demokratisch wandelnde Rußland – und mit ihm die GUS-Länder – hoffen ebenso wie die Ukraine darauf, daß Siemens die sowjetischen Kernkraftwerke vor der Verrottung rettet und gegen Unfälle absichert. Siemens hat, so *Reuters* am 15. Mai 1994, Aufträge für eine Milliarde Mark allein für das Geschäftsjahr 1993/94 aus Moskau bekommen, um die Kraftwerkstechnik auf Vordermann zu bringen.

Und als Nebenprodukt dürften, so russische Insider, durch die Öffnung der KGB-Archive möglicherweise bald auch die monetären Subventionen der Anti-AKW-Bewegung durch Moskau sichtbar gemacht werden. Deren anstehende Veröffentlichung wird nach dem merkantilen dann auch das moralische Ende dieser Demo-Bewegung nach sich ziehen, die sich vor allem dem zunehmenden Druck der Erkenntnis ausgesetzt sieht, daß Kernkraft die Umwelt erhält, während Kohle- und Ölkraftwerke durch Verbrennen fossiler Stoffe die Umwelt zerstören.

Aber die publizistischen Atom-Gegner geben nicht auf. Wie zum Auftakt eines glorreichen Rückzugs aus der Antiatom-Hysterie veröffentlichte der *Spiegel* am 28. Oktober 1991 einen Titel mit der Zeile »Die Kernkraft-Lüge«. In diesem ungewöhnlich schwachen *Spiegel*-Aufmacher versuchen die Autoren, nicht mehr die Kernkraft zu verteufeln, sondern nur noch deren Wert für die Umwelt global herunterzuspielen.

Die ganze Story zeigt die Antiatomlobby plötzlich in einer makabren Defensive – macht sich der Ausfall der kommunistischen Sowjetunion bemerkbar?

Alternative Windeier

Die demagogische Propaganda, wonach Wasserstoff, Sonnenenergie und Windkraft die Kernenergie ersetzen könnten, wird mit großem Aufwand betrieben und (durch die Medien multipliziert) von einer Mehrheit geglaubt, die sich nicht der Mühe unterziehen kann, die Stichhaltigkeit dieser Phantasmagorien zu überprüfen.

So etwa die Blütenträume der grünen Ökoministerin Schröders in Hannover, die Niedersachsen bis zur Jahrhundertwende mit 8000 Windrädern beglücken will, welche die Energie eines KKW erzeugen sollen. Was Frau Griefahn unterschlägt, ist dies: An der Oberfläche eines Plutonium-Brennstabes entsteht 50 000 mal mehr Wärme als auf der Oberfläche eines Sonnenkollektors in der Bundesrepublik – oder zwei Millionen mal mehr als auf der Flügelfläche eines Windkraftwerkes.

Daraus ergibt sich die fehlende ökonomische Verwertbarkeit der Windmühlen-Energie – ganz abgesehen davon, daß sich in Niedersachsen und Schleswig-Holstein bereits die Vogelschützer gegen die Windräder wenden, da sie die Nist- und Fluggewohnheiten der Vögel nachhaltig stören.

Wiedemann widmet sich in *Die deutschen Ängste* den alternativen Windeiern: »Es muß ja wohl Gründe haben, daß die Wind-Generatoren im zugigen Dänemark nur ein Prozent zur nationalen Elektrizitätsgewinnung beitragen. Nicht, daß nicht alles versucht worden wäre. 90 Millionen hat der Bund für das legendäre Windkraftwerk Growian in Dithmarschen verpulvert. Doch das Experiment brachte genau das Ergebnis, das die Energiewirtschaftler vorausgesagt hatten: Es geht nicht. Schließlich wurde das Ding sang- und klanglos abgerissen.«

Von der zwanghaften Wahnvorstellung grünstichiger Ökologen ganz zu schweigen, daß die Menschheit auch nur ansatzweise imstande oder willens wäre, Unmengen von Energie weltweit einzusparen. Die diversen internationalen Colloquien zu diesem Thema verwerfen jegliche Form von Energiereduzierung als unrealistische Option, zumal unter dem Eindruck, daß die Nöte der dritten und vierten Welt vorwiegend durch Energie gelöst werden können. Wiedemann: »In Bangladesch, wo nur 3000 von 60000 Dörfern elektrischen Strom haben, könnten ein paar AKWs vom Brokdorf-Kaliber in relativ kurzer Zeit das tiefe Elend von Millionen beenden.«

Franz Alt und das linke Unterschriftenkartell

Das hindert Franz Alt, in dessen Regie ja die braunstichigen Horror-Reports von Wolfgang Moser in der ARD möglich waren, auch heute nicht – nach seinem unfreiwilligen Abgang von *Report* wegen jahrelang verweigerter Unterhaltszahlungen für ein behindertes Kind – seine Karriere erneut ideologisch aufzupolieren, Jesus als »den ersten neuen Mann« und die Windkraft zu preisen. Die Blattspalten und Sendeleisten von *Bild*, RTL, ARD, ZDF, *Stern*, *Zeit*, *Süddeutsche*, Sat 1 und selbst der *FAZ* öffneten sich für den irrationalen Apostel der Republik. Da schafften auch der *Spiegel*, der nun auf einmal Alts »wahnhafte Ausschweifungen« abkanzelte, oder Micha Brumliks Buch *Der Anti-Alt* keine Abhilfe – *Bild* verschaffte Franz Alt 1993 und 1994 mehrfach ein Zehnmillionen-Publikum als Gastkommentator des Blatts auf Seite 2.

Im Frühstücksfernsehen konnte Alt seine energiedilettantischen Windeier coram publico ausbrüten.

Es fruchtete auch nichts, daß Micha Brumlik Franz Alts Jesus-Buch als den »ersten antisemitischen Bestseller seit 1945« bloßstellte und den renommierten Fernsehjournalisten als Verbreiter von »Lügen, Gerüchten und Märchen« dekuvrierte. Niemandem gab zu denken, daß dieser von Brumlik erkannte Antisemitismus mit jenen von Alt zu verantwortenden antisemitischen Atom-Szenarien von Menkens und Soykas in *Report Baden-Baden* offensichtlich korrespondierte.

Franz Alt wird vom linken Medienkartell als nützlicher Idiot toleriert und gefördert – wie, das beschreibt Brumlik so: »Als Franz Alt im Jahre 1986 seines Engagements für die Friedensbewegung und gegen die Atomindustrie wegen im Südwestfunk von der Kündigung bedroht war, solidarisierten sich nicht nur seine Leser mit ihm, sondern auch das erprobte Unterschriftenkartell der Linken in der Friedensbewegung. Die Angst vor den Cruise Missiles und – etwas weniger – vor den sowjetischen SS 20 brachte seltsame Bundesgenossen zusammen...«

Franz Alt kann jeden Irrationalismus von Jesus bis zur Windkraft verbreiten: Die Medien halten das aus und bleiben ihm gewogen. Am 5. Mai 1994 führte Alt in seiner neuen (!) ARD-Sendereihe *Zeitsprung* erneut vor, wie er das Handwerk ebenso irrationaler wie panikstiftender Manipulation beherrscht.

Diesmal ging es um die existentielle Wassernot, die so groß sei, daß nur, wer die Katastrophe liebt, O-Ton-Alt, »sich weiterhin im Freibad vergnügen darf«. Dazu Bildsequenzen von Kindern, die in einem leeren Schwimmbad Basketball spielen. Und Alt in Desaster-d-Moll: »Die kurze Zeit, die uns noch bleibt, ist so kostbar wie das Wasser selbst.«

Medien-Kritik beschrieb Alts ARD-Angstmache am

25. Mai 1994 so: »Franz Alt setzte von Beginn seiner Sendung an auf reißerische Bilder statt auf solide Information. Er stimmte die Zuschauer ein mit Bildsequenzen von katastrophalen Wassersituationen aus aller Welt. Untermalt wurden die videoclipartigen Szenen von bedrohlicher Musik. In hartem Kontrast dazu zeigte Franz Alt malerische Seenlandschaften, saubere Flüsse und klare Wasserfälle, wieder mit entsprechender, diesmal sanft klingender Musik. Als Beigabe zu diesen Bildern gab es ein paar wenige plakative zusammenhanglose Informationen, zum Beispiel: ›Unser Grundwasser ist bis zu 30000 Jahre alt, schon jetzt sind viele dieser Wasserreserven erschöpft oder vergiftet.‹« Alt unterschlug durch Verschweigen, welche Wasserreserven erschöpft sind (offenbar eine freie Erfindung) und wodurch oder durch wen sie vergiftet wurden. Und wie immer bot Alt als Lösung zum Finale seines elektronisch aufgemotzten Katastrophen-Kokolores aus viel Bildern und wenig Information den »Ausstieg aus der Industriegesellschaft« an, die Generalformel aller Grünen.

Der massiv wachsende Energiebedarf der Weltwirtschaft – dieser wird im Jahr 2010 um knapp 50 Prozent höher liegen als 1991 – kann nur durch die Kernkraft gelöst werden, wenn weder fossile Ressourcen der Erde vernichtet noch die Umwelt durch fossile Verbrennungen bedroht werden sollen – ganz abgesehen davon, daß die fossilen Ressourcen in absehbarer Zeit ohnehin erschöpft sind.

Doch die realistischen Optionen der internationalen Wissenschaft und ihrer Institutionen finden in den deutschen Medien so gut wie nicht statt. Dafür aber das:

Am 2. Mai 1991 lieferte der *Hessische Rundfunk* (HR) im Hauptprogramm des Ersten einen Super-Gau im hessischen KKW Biblis ab: In *Todeszone* wird dem Bundesbürger suggeriert, daß er auf atomaren Höllenmaschinen sitze, deren Zeitzünder uns alle jederzeit hochjagen können. Dem *Spiegel* war diese Plutonium-Plotte des HR einen Report nebst Farbtafel wert, die suggestiv demonstrierte, wie angeblich 3,4 Millionen Menschen im Rhein-Main-Gebiet durch eine »mögliche Biblis-Katastrophe« bedroht werden. Biblis, Hauptlieferant des hessischen Stroms, ist, so die *Zeit,* »immer kaputt« und für eine »Katastrophe nicht gerüstet«.

Der *Spiegel* zitiert, wie anders, das ominöse *Öko-Institut Darmstadt*, das halb Deutschland zur unbewohnbaren Region erklärt. Wenn Biblis hochgeht, so der *Spiegel*, würde das 20mal mehr als Tschernobyl kosten, nämlich vier Billionen Mark. Und 4,8 Millionen Menschen würden an Krebs erkranken. Nur: Die ständige Repetition der Horrorszenarien verfängt offenbar nicht mehr.

Das Ende der Technophobie

Eine im Oktober 1991 angestellte Erhebung des Bundesministeriums für Forschung und Technologie hat ergeben, daß rund 75 Prozent der Deutschen den technisch-wissenschaftlichen Fortschritt als für sich eher vorteilhaft ansehen. Nur 10 Prozent erwarten eher Nachteile:

Die Umfrageergebnisse waren in den alten und neuen Bundesländern nahezu identisch. Bei den Männern ist die positive Einschätzung des technischen Fortschritts höher als bei den Frauen, ebenso bei der jüngeren Generation im Vergleich zu den über 60 Jahre alten Bürgern.

Auch andere Studien befestigen das öffentliche Bewußtsein gegen die mediale Verunsicherung mit Horror.

So veröffentlichte Mitte Mai 1991 in Wien ein internationales Wissenschaftler-Gremium eine Studie über die Reaktorkatastrophe von Tschernobyl. An dieser Analyse waren 200 Wissenschaftler aus 25 Ländern beteiligt. Diese Studie, die in 18 Monaten erstellt wurde, lag im Mai 1991 der Konferenz der Internationalen Atomagentur IAEO vor. An der Studie waren auf sowjetische Initiative hin Experten der Europäischen Gemeinschaft, Fachleute der Welternährungskonferenz FAI, des UN-Komitees zur Erforschung der Auswirkung radioaktiver Strahlung UNSCEAR und der Weltgesundheitsorganisation WHO beteiligt.

Resultat der Studie, zitiert nach der *FAZ* vom 22. Mai 1991: »Für einen deutlichen Anstieg der Fälle von Leukämie und anderen Krebsarten gibt es nach Angaben der Fachleute keine Beweise.« Weiter aus dem *FAZ*-Bericht: »Bei der Durchsicht der Daten kamen die Fachleute zu der Ansicht, daß die Belastung des Trinkwassers und der Umwelt mit Strontium und Cäsium sowie die Strahlenbelastung der Bevölkerung eher überschätzt worden seien. Eine Belastung mit radioaktivem Jod habe nicht festgestellt werden können...«

An über 9000 Personen aus den verstrahlten Regionen wurden Ganzkörperuntersuchungen vorgenommen. Außerdem wurden Tausende von Umweltproben entnommen. Bemerkenswert ist die Schlußbemerkung des Berichts:

»Das größte Problem ist der Zusammenbruch des Vertrauens der Bevölkerung in die Behörden.« Und dieses Problem ist nicht allein, wenn auch vor allem, von den sowjetischen Behörden verursacht worden, sondern auch von den Medien.

Beim beginnenden rot-grünen Rückzug der Antiatomis aus dem manischen Kernkraftgegnertum werden natürlich Nachhutgefechte geführt.

So werden sogenannte Alternativenergien in schöner Regelmäßigkeit dem von antiatomaren Indoktrinations-Medien ins informationspolitische Abseits gedrängten Publikum eingeredet. Nach Wasserstoff, Wind, Wasser und sogenannten Solar-Wundern, die nur, wenn überhaupt, an den Peripherien der Energieversorgung eine unerhebliche Substitutrolle spielen können, kommen die Brennstoffzellen-Kraftwerke ins Spiel.

Konzerne wie die International Fuel Cell Corporation IFC und die Westinghouse Corporation in den Staaten, Fuji in Japan, Ruhrgas, Thyssengas und Heag in Deutschland haben die Brennstoffzellen-Container zur Fabrikationsreife durchgetestet. Ergebnis: »Der mit Brennstoffzellen erzeugte Strom ist nicht konkurrenzfähig, andere Verfahren arbeiten deutlich billiger« (*FAZ: Kraftwerke der Zukunft* – 9. November 1991). Brennstoffzellen-Kraftwerke kommen durch das Akku- und Batterieproblem schnell an ihre wirtschaftlichen Grenzen. Die Experten gehen davon aus, daß diese Container-Werke im günstigsten Fall höchstens 10 Prozent der Gesamtenergieversorgung bestreiten können. Daß es je mehr sein könnte, »glauben auch die überzeugten Anhänger nicht« *(FAZ)*.

Mit anderen Worten: Zukunftsichernde Energiepolitik kann sich nur bei Strafe des energetischen Ausfalls der Weltversorgung auf Nischentechniken der Energiegewinnung beschränken.

Die SPD erwägt den Ausstieg

Was die Medien verschweigen: Die sozialdemokratischen Energieplaner wissen das. An der Kohlebasis wird sofort eine Pro-KKW-Bewegung entstehen, wenn Pläne der Kohlekürzung erst mal praktiziert werden – und das kommt unausweichlich. Den Kumpels geht es zuvörderst weder um Kohle oder Kernkraft, sondern um Arbeitsplätze. Die Kumpels sind, so gesehen, für die SPD keine sichere Wahlhilfe in Zeiten, welche die Kohle als anachronistischen, weil umweltzerstörenden Energieträger entlarven, der zudem auf dramatische Weise durch Verfeuerung der Pharmazie als Rohstoff verlorengeht. In Ost-Berlin kommentierte am 1. November 1991 der strikt linksorientierte *Freitag* in seinem Aufmacher »Die SPD erwägt den Ausstieg«: »Das alles läßt die SPD nicht unberührt. Vor fünf Jahren notdürftig zugeschüttete Gräben zwischen sozialdemokratischen Befürwortern und Gegnern der Atomenergie reißen erneut auf.«

Monika Wulf-Matthies, Chefin der ÖTV, in der auch die Arbeiter und Angestellten der Kernkraftwerke Mitglieder sind, meldete sich zum Bremer SPD-Parteitag 1991 mit der bemerkenswerten Sentenz zu Worte: »Die SPD sollte den sinnlosen Streit um den Atomausstieg begraben.« In Bremen verlangte Hans Berger, SPD-Mitglied und Chef der *IG Bergbau und Energie,* den »Neubau von Atomkraftwerken in den alten und in den neuen Ländern«. Wenn auch die Kernkraftgegner in Bremen dem Anschein nach zunächst die Oberhand behielten, tauchte in den Beschlüssen dieses Parteitages die Frist für den Ausstieg zum Jahre 2004 explizit nicht mehr auf.

Bemerkenswert auch, daß etwa *Greenpeace* die Errichtung eines gewaltigen Zwischenlagers in Mecklenburg-

Vorpommern kommentierte, daß dadurch die Entsorgung aller laufenden Atomkraftwerke bis zum Jahre 2030 sichergestellt würde. Kein Wort mehr vom mittelfristigen Ausstieg, sondern der signifikante Hinweis darauf, daß die Kernwirtschaft für Mecklenburg-Vorpommern als Gegenleistung anbiete, auf die Wiederaufbereitung abgebrannter Brennelemente im Ausland zu verzichten.

Teile der Linken erkennen offenbar spät, aber nicht zu spät, daß sie mit dem Verjagen der Kernwirtschaft aus Wackersdorf Arbeitsplätze vernichtet haben. Auch bei Brutreaktoren wird die Antiatomlinke umdenken müssen, sobald der Öffentlichkeit bekannt wird, daß mit diesen Reaktoren, die im Ausland zunehmend favorisiert werden, der vorhersehbare Stromverbrauch für einige tausend Jahre gesichert werden kann, ohne der Umwelt den irreparablen CO_2-Schaden zuzufügen, den das Verbrennen fossiler Energieträger bewirkt.

Durch die energetische Nutzung von Thorium als spaltbarer Materie wird der Zeithorizont auf mehr als 10 000 Jahre, »mit dem Uran der Weltmeere auf noch wesentlich größere Zeiträume erweitert« – so Professor Stoll.

Den Kernkraftgegnern von gestern fällt heute der geordnete Ausstieg aus den von ihnen organisierten Atomängsten schwer. In Nachhutgefechten mobilisieren sie daher die vagabundierenden Urängste vor Strahlen, die den Sinnesorganen nicht zugänglich sind und denen damit jedes faßbare Bewertungssystem fehlt – Geschäftsgrundlage für jede Demagogie.

Die letzte grassierende Angstmache der antiatomaren Hiobskünder konzentriert sich daher zunehmend auf infernalisch ausgemalte End- und Zwischenlagerungs-Szenarien, nachdem sich in den Informationsgesellschaften des Westens und zunehmend auch des frei gewordenen Ostens die Erkenntnis nicht mehr verhindern läßt, daß Tschernobyl in der Ukraine stattfand und nicht am Rhein, daß in Harrisburg kein Atomunfall stattfand, daß die mißgebildeten Kühe und permanent hochgespielten vermeintlichen Beinahe-GAUs sich als ein von den Medien multiplizierter Panikzirkus entpuppten.

Aber auch die illustren Endzeit-Düsternisse, die von den Frustaposteln einst mit Becquerel-Schwermut und immer noch mit Halbwertzeit-Sottisen orchestriert werden, weichen der Information breiter Schichten durch die Wissenschaft.

Die Tatsachen:

Die Erde birgt seit Urzeiten etwa 100 000 Milliarden Tonnen Uran mit einer Halbwertzeit von 4,2 Milliarden Jahren und 10 Millionen Tonnen Radium mit einer Halbwertzeit von 1300 Jahren. Kurz: Die Menschheit lebt seit Jahrmillionen auf einem radioaktiven Vulkan. Ein Viertel aller Radioaktivität »verstrahlt« uns gleichsam von unten, drei Viertel via Sonne von oben, die, ausgerechnet, von Antiatomis zum Symbol ihres radioaktiven Kurzschlusses auserwählt wurde; die Sonne, Symbol des Lebens, das monströseste aller Kernkraftwerke direkt über uns, 8 Lichtminuten von Berlin entfernt. Wären die Antiatomis in ihrem trostlosen Wahn konsequent, würden sie Erdball und Sonne als reaktionäre Atomlobby verbieten und den kosmischen Umzug auf unverstrahlte Paradiese organisieren. Das All ist der gigantischste Strahlenpott aller Zeiten. Radioaktivität Basis des Kosmos – des Lebens.

Die aus den Rückständen der Wiederaufarbeitung zu beseitigenden Spaltprodukte (Atommüll) sind nach etwa 600 bis 1000 Jahren bis auf das Strahlenniveau natürlichen Uranerzes zerfallen und damit harmlos, da sie im Unterschied zum Uranerz keine Gase freisetzen, die an die Erdoberfläche gelangen.

Das Plutonium mit einer Halbwertzeit von 24 000 Jahren kann bis zu 98 Prozent rückstandslos in den KKWs zu Energie gespalten werden.

Ohne Atom Energietod

Mit dem Ende des Kalten Krieges weichen die Horrorszenarien eines Atomkrieges von der Menschheit.

Die demagogisch beförderte Assoziation von Atombombe und Kernenergie wird abgelöst von einer sachgemäßen Unterscheidung zwischen kriegerischer und friedlicher Nutzung der Kernenergie – sowie einst des Feuers und später der Elektrizität.

Und die Kernenergie wird dringend gebraucht. Professor Stoll ermittelte, daß der Pro-Kopf-Energieverbrauch bei Christi Geburt bei 0,1 bis 0,5 Tonnen Steinkohleneinheiten pro Jahr lag (SKE/a). Heute kommt er in den Industrienationen auf 11,5 SKE/a.

Der Weltdurchschnitt, so Stoll, liegt etwa bei 2,5 SKE/a. Dieser Durchschnittswert wird nach dem Ende des Kalten Krieges rasch ansteigen, da sich nun die industrielle Konzentration der Industrieländer auf die Krisengebiete der Dritten Welt richtet; eine Krise, die ausschließlich durch höhere Energieleistungen gelöst werden kann, also durch Anhebung der SKE-Einheiten pro Kopf – und nicht durch Konsum-Askese, wie sie drögen Verzicht-Popen und grünstichigen Körnerkonsumenten vorschwebt.

Es gibt kein wie auch immer geartetes durchgreifendes Energiesparen in einer Welt, deren letztes großes Elend allein durch Energie zu lösen ist. Würde die Menschheit ihren Energiebedarf bei der heutigen Menge einfrieren, würde sie Milliarden Menschen in der dritten und vierten Welt dem unausweichlichen Hungertod preisgeben. Würde sie den affigen Wahnvorstellungen der Zurück-auf-die-Bäume-Ideologie grüner Tarzanos folgen, die, ohne zu wissen wie, sofort aus allen Atomenergien aussteigen möchten, würde die Menschheit bis auf einen »Gleichgewichtsrest von 10 Millionen ... dem Energietod preisgegeben sein« – so Professor Stoll. »Wollten wir nur das heutige Elend in der Welt nicht vermehren, so müßten wir in der Verdoppelung der Menschheit (alle 33 Jahre) fast auf die Hälfte dessen, was wir besitzen, verzichten«, prophezeit Stoll.

Der Generationenvertrag, der regelt, was die Gesellschaft heute den Nachgeborenen übergibt, muß die Welt geregelt hinterlassen, das heißt die Energiefrage als Geschäftsgrundlage menschlicher Existenz muß anhand des tatsächlichen Verbrauchs gesehen und realisiert werden. Das anzustrebende ökologisch-energetische Gleichgewicht der Menschheit des kommenden 21. Jahrhunderts kann nur darin bestehen, daß neben einem geordneten Öko- und Klima-System – sprich Verbot aller fossilen Stoffe zur Energiegewinnung – die Rohstoffe, Technologien und Energiequellen für mindestens 10 Milliarden Menschen sichergestellt werden müssen.

Dies kann nur durch die Nutzung der unerschöpflichen Kernenergie-Potentiale erfolgen – bei simultaner Erforschung und Nutzung alternativer Energien. Die Nichtrealisierung dieses gebotenen Generationenvertrages, vor allem die Weiterverbrennung fossiler Energieträger, würde die Nachgeborenen einer tatsächlichen Ökokatastrophe ausliefern und wiederum unabwendbar deren Kinder dem sicheren Energietod überantworten. Diese Erkenntnis wird sich unaufhaltsam durchsetzen und den radioaktiven Kurzschluß einer durch den Kalten Krieg ideologisch dogmatisierten und desinformierten Generation ablösen durch eine auf Tatsachen kaprizierte Generation, die die Beherrschung der Kernenergie zur friedlichen Nutzung realisiert.

Am 10. November 1993 meldeten die Agenturen eine Sensation aus London. ARD-Videotext auf Tafel 116:

»Zum ersten Male ist die Kernfusion im Labor gelungen. Experten des europäischen Kernfusions-Projekts im britischen Culham meldeten den Durchbruch: In einem Reaktor gelang es ihnen, unter Verwendung von Deuterium und Tritium Temperaturen von 300 Millionen Grad Celsius zu erzeugen. 20mal mehr als die Temperatur in der Sonne. In dieser Hitze verschmolzen die einzelnen Teilchen der Materie und erzeugten dabei Elektrizität von über einer Million Watt.« Mit dieser kernphysikalischen Großtat haben Forscher von heute die Welt von übermorgen gesichert. Im linken Medienkartell finden diese Optionen so gut wie nicht statt.

Sowenig wie die Meldung, daß der Energiebedarf – entgegen den Spar-Phantasmagorien – im Jahr 2010 um 48 Prozent höher liegen wird als 1991, so die Internationale Energieagentur IEA in Paris im Mai 1994. Bei Beibehaltung der Verbrennung fossiler Stoffe bedeutet dies, so die IEA, eine Zunahme der weltweiten CO_2-Emission von 50 Prozent.

Wie die zitierten Umfragen belegen – 77 Prozent der von Allensbach Befragten votierten für KKWs –, wird der radioaktive Kurzschluß der Medien bis Ende dieses Jahrhunderts behoben sein.

VIERTES KAPITEL
Die Ideologie

Die Augen links:
Der Feind steht rechts

*»Die Ideologie wünscht nicht,
die Wahrheit zu kennen, sondern sie will ihre
Glaubensgebäude schützen und alle jene ruinieren,
die nicht denselben Glauben haben wie sie.
Die Ideologie beruht auf einer
Einstimmigkeit in der Lüge
und verlangt daher den automatischen Ausschluß
desjenigen, der sie zu teilen versucht...
Ergo: Alle Antisowjets sind Pro-Nazis.
Wer nicht links ist, ist rechts.«*

JEAN-FRANÇOIS REVEL
Die Herrschaft der Lüge

Jede Ideologie ist eine Informationszerstörungs-Maschine. Am 11. April 1994 wurden genau vier Millionen ARD-Zuschauer Zeuge einer solchen, fast klassischen Desinformation in der Sendung *Report Baden-Baden*. Vor einem Szenenfoto aus Spielbergs oscargekröntem Holocaust-Film *Schindlers Liste* erscheinen zwei Halbsätze aus einem Artikel des Filmregisseurs und Journalisten Will Tremper – nicht zwei in sich geschlossene Sätze, sondern aus dem Zusammenhang gerissene Halbsätze.

Der eine Halbsatz »... Räumung des Ghettos kann so blutrünstig nicht verlaufen sein.« Zweiter Halbsatz:

»... ihre Leidenszeit in Krakau hier und da etwas dramatisiert.« Jeder, der diese als TV-Inserts präsentierten Halbsätze sah und las, mußte annehmen, daß Will Tremper so etwas wie ein verstecktes Auschwitz-Leugnen durch Verharmlosung des Holocaust oder Leidenskürzung der Opfer mit diesen Sätzen ausdrücken wollte, zumal das unterlegte, bedrückende Szenenbild aus *Schindlers Liste* dies subkutan suggerierte. Nur: Tremper hat dies mit keinem Satz oder Nebensatz auch nur angedeutet.

Die Manipulateure dieses Film-Beitrages von *Report Baden-Baden* haben mit Vorsatz aus einem 14 000 Worte umfassenden Artikel Will Trempers in der *Welt* vom 26. Februar 1994 *(Indiana Jones in Krakau)* ganze 14 Worte (das sind 0,1 Prozent) herausgenommen und zu einer Stürmer-reifen Montage zusammengeklebt. Tremper zitiert in seinem Artikel aus der nach dem Krieg veröffentlichten Geheimrede Himmlers in Posen, in der der oberste Henker des SS-Staates seine Killerkommandos anweist, Juden teilnahmslos zu ermorden, sich aber nicht an diesem »Bazillus persönlich zu bereichern«.

Himmler: »Wer sich auch nur eine Mark davon nimmt, ist des Todes.« Himmler ließ aus solchen Gründen noch 1944 den Kommandanten des KZ Buchenwald an die Wand stellen.

Tremper weist darauf hin, daß Himmler befohlen hatte, die »Endlösung des Judenproblems« »völlig gefühllos und so sachlich wie eine Ungezieferverichtung zu bewerkstelligen. Anders wäre die mechanische Massenvernichtung der europäischen Juden gar nicht möglich gewesen.«

Tremper weiter: »Die historische Wirklichkeit, die grausame, grausame Wirklichkeit war viel entsetzlicher als alle die tollen Einfälle im Stile von Indiana Jones.« Und erst dann kommt Tremper zu der Anmerkung, »die wildwestartige Räumung des Ghettos kann so blutrünstig nicht verlaufen sein.«

Mit dieser Kritik steht Tremper, auch das unterschlug ARD-Report, keineswegs allein. Jüdische Kritiker und Opfer des Holocaust meinen, daß Spielberg mit den Mitteln des Sensationsfilmes das Inferno verkitscht habe. Der Kritiker der Tel Aviver Zeitung *Ha'aretz* nannte den Film *Spielbergs Holocaust Park*, andere *Kitsch mit dem Grauen*. Claude Lanzmann, der das neunstündige epochale Filmessay *Shoah* über den Holocaust drehte, findet Spielbergs Film ein »kitschiges Melodram«. Und: »Man wird mitgerissen von dieser deutschen Gaunergeschichte, das ist alles.« Der ungarische Regisseur Istvan Szabó meint, daß man aus Auschwitz kein Filmmärchen machen könne. Der israelische Historiker Tom Segev am 5. Mai 1994 in der Zürcher *Weltwoche* über die Wirkung des Spielberg-Films *Schindlers Liste*: »Was wissen denn die Leute, wenn sie aus dem Kino kommen? Daß die Nazis Juden umgebracht haben. Man lernt nur dieses Scheußliche in diesem Film, mehr nicht. Das Wichtigste aber wird nicht thematisiert. Warum geschah dies, warum konnte es geschehen?«

»Die geistigen Brandstifter«

Die Kritik an Spielberg, mit den hollywoodesken Methoden des Reißers den Holocaust zu schildern, diese Kritik in die Nähe einer Verharmlosung des Holocaust zu schieben, pure Demagogie. Trempers *Welt*-Kritik wirkte wie eine Initialzündung:

Die ideologischen Wortführer der auf Antifa gelayouteten Linken stürzten sich auf den Spielberg-Film, um ihn als Trumpfkarte gegen alles auszuspielen, was sich als nicht links ausmachen ließ. In Talkshows wurden im März und April 1994 (von Bremens *Drei nach Neun* bis zu ZDF-*Live* und Sat 1 *Talk im Turm*) sogenannte Rechte von Will Tremper und Ernst Nolte bis Klaus-Rainer Röhl regelrecht vorgeführt – immer nach dem alten Rezept: mindestens drei professionelle Linke auf einen vermeintlichen Rechtsausleger – mit dem Ziel: hinter der sogenannten Neuen Rechten die geistigen Brandstifter von heute zu orten, die den Holocaust zu historisieren und zu relativieren suchten – was in dem vorgegebenen Sinn weder Nolte, Röhl noch Tremper auch nur im Ansatz denken, geschweige denn tun. *Schindlers Liste* wurde zu einer Auschwitzkeule instrumentalisiert: Wer den Film Spielbergs in Deutschland kritisierte, lief Gefahr, als rechtsextrem oder gar Neonazi diffamiert zu werden. Die durch den Crash des Kommunismus geschlagen gewähnte Linke meldete sich anläßlich des Millionen Menschen in aller Welt erschütternden (und meiner Meinung nach genialisch gelungenen) Kinostücks an der ideologischen Front zurück und versucht wiederum, die historische Wahrheit für sich allein zu beanspruchen.

In der Tageszeitung *Welt* protestierten mehr als fünfzig Redakteure gegen den Tremper-Artikel, der in der *Geistigen Welt*-Beilage samstags erschienen war, für die Rainer Zitelmann verantwortlich war. Ihm galt die Kritik im eigenen Hause.

Freilich war der Tremper-Artikel nur der lange gesuchte Anlaß, denn den Startschuß zu der Anti-Zitelmann-Kampagne hatte bereits zwei Monate vor Erscheinen der Filmkritik und vier Wochen nach Zitelmanns

Amtsantritt als Ressortleiter der *Geistigen Welt* die Hamburger *Zeit* gegeben. Otto Köhler, der ansonsten in der linksextremen Postille *Konkret* gegen Springer, Kirch, Heitmann und Kohl hetzt, warnte in der *Zeit* vom 31. Dezember 1993 vor Zitelmann und seiner »Truppe junger revisionistischer Historiker«. Der Artikel, Wiederaufguß eines bereits zuvor in *Konkret* veröffentlichten Hetzartikels, gab den Startschuß zu der nun folgenden Kampagne.

Zitelmann, den *Welt*-Herausgeber Claus Jacobi von Ullstein zur *Welt* lobte, um die Lücke zu schließen, die der Tod Enno von Loewensterns gerissen hatte, sah sich plötzlich mit abgestoppten 118 Artikeln zwischen Februar und Mai 1994 konfrontiert.

Spiegel, Süddeutsche, Taz, Frankfurter Rundschau, Freitag, Wochenpost, Woche und *Konkret* – das gesamte linke Medienkartell blies zum Gefecht gegen den vermeintlichen »Rechtsausleger«. Auch die öffentlich-rechtlichen Linksagitatoren wurden mobilisiert. Absurd, was beispielsweise Gustav Trampe in einem ZDF-Kommentar am 28. März 1994 ausführte: »Schönhuber und seinesgleichen erzeugen das Klima, in dem solche barbarischen Akte (gemeint: Brandanschlag auf die Synagoge zu Lübeck, Anm. d. Verf.) erst möglich werden. Und seinesgleichen gibt es leider inzwischen viele. Da ist das einstmals angesehene Springer-Blatt *Die Welt*, in dem immer offener mit einer rechten Revolution kokettiert wird. Da sind namhafte Historiker mit Fleiß dabei, die Greueltaten der Nazis zu relativieren.«

Abgesehen davon, daß in der *Welt* zu keiner Zeit und von niemandem mit einer »rechten Revolution kokettiert« wurde und ausgerechnet Leute wie Trampe *Die Welt* nie als »angesehene Zeitung« bezeichnet hatten, sondern immer als »Springerblatt« abqualifizierten, hat *Die*

Welt den Rechtsextremismus stets scharf bekämpft und Gewalttaten von linken wie rechten Tätern konsequent und gleichermaßen verurteilt. Was man von vielen linken Medien nicht behaupten kann, die die Gewalttaten von Autonomen und die RAF-Gewalttäter oft verharmlost haben.

Im Kern ging es aber darum, die demokratische Rechte zu diffamieren, die Politikern wie Heiner Geißler (auch er meldete sich in der Anti-Zitelmann-Kampagne mehrfach zu Wort) ohnehin ein Dorn im Auge ist. Vorausahnend hatte Zitelmann schon in seinem Einstandsartikel »Wenn Herrschaftsfreie herrschen« am 18. Dezember 1993 in der *Geistigen Welt* geschrieben: »Der sogenannte ›herrschaftsfreie Diskurs‹, wie ihn sich viele Linksintellektuelle vorstellen, ist eine interne Veranstaltung für Linke und Liberale – die akzeptierte Toleranzspanne reicht von Gregor Gysi bis Heiner Geißler. Rechts von Heiner Geißler steht nur noch, was moralisch verdächtig und intellektuell nicht ernst zu nehmen ist.«

Auch Ignatz Bubis meldete sich zu Wort. Er hatte die These von den Rechtsintellektuellen als »geistigen Brandstiftern« in die Welt gesetzt und als Beleg dafür den Dramatiker Botho Strauß genannt. Nachdem er den gegen Strauß gerichteten Vorwurf zurücknehmen mußte, nannte er aus Verlegenheit ersatzweise Nolte und Zitelmann, die gerade im Gespräch waren. In einem *Spiegel*-Interview (16/94) fragte er: »Nolte erzeugt Zitelmann – doch wen mobilisiert Zitelmann?« Der *Rheinische Merkur*, lange Jahre das Organ, in dem Zitelmann seine Kommentare und Beiträge veröffentlicht hatte, druckte einen Offenen Brief Zitelmanns an Bubis ab, der freilich unbeantwortet blieb. Allerdings wiederholt Bubis danach seine Kritik an Zitelmann auch nicht mehr.

Verunsichert wurden die uninformierten linken Kampagnetreiber durch eine Unterschriftenaktion, in der namhafte Politiker, Schriftsteller, Journalisten und Wissenschaftler die gegen Zitelmann und die ebenfalls angegriffenen *Welt*-Mitarbeiter Heimo Schwilk und Ulrich Schacht erhobenen Vorwürfe entschieden zurückwiesen. Es unterschrieben Linke, Liberale und Konservative wie zum Beispiel Arnulf Baring, Hans-Peter Schwarz, Tilman Fichter, Wolfgang Templin, Brigitte Seebacher-Brandt, Günter Nenning, Walter Kempowski und Lutz Rathenow.

Zitelmann, dessen wissenschaftliche Arbeiten in zahlreichen internationalen Fachorganen positiv gewürdigt wurden, geriet in die Schußlinie, weil er als Chef der *Geistigen Welt* all jenen Autoren eine Plattform bot, die dem linken Medienkartell ohnehin ein Dorn im Auge sind.

Immerhin hatte Rainer Zitelmann von Dezember 1993 bis Mai 1994 neunzehn Aufmacher namhafter Autoren in der *Geistigen Welt* plaziert, die der renommierten Springer-Tageszeitung *Die Welt* nicht nur alle Ehre machten und das Blatt über Nacht in den Mittelpunkt der geistigen Auseinandersetzung hievten, sondern darüber hinaus selbst die tiefgedruckte *Bilder und Zeiten*-Beilage der *Frankfurter Allgemeinen* an Brisanz und Kompetenz in den Schatten stellte. In der politischen Klasse und Intelligenzia der Bundesrepublik gab im 1. Halbjahr 1994 die *Welt* dank Zitelmann Ton und Trend der Diskussion an – deswegen die denunziatorische Reaktion zur Linken.

Die *Frankfurter Allgemeine* wurde in diesem Zeitraum und in der Thematik politisch-publizistischer Profilsuche durch die *Welt* in die Rolle des nur mehr reagierenden Mediums gedrängt: Die *FAZ* lieferte nach der Zitelmann-Zäsur im Frühsommer 1994 eine Serie von Artikeln unter dem Titel *What's right?* – eine lose Folge von zuweilen recht esoterisch angepackten Kurz-Essays, wie sie schon Ende 1993 in der *FAZ*-Serie *What's left?* stattfand (die überaus spannender gestaltet war).

Der großen Mehrheit im Lande blieb dieser doch leicht abgehobene Prozeß einer Insider-Debatte in den Feuilletons der Medien naturgemäß weithin vorenthalten – wiewohl diese Auseinandersetzung in Gestalt des Abdrucks von Statements gegensätzlicher Meinung mitbestimmenden Einfluß auf das Klima der Debatte in Deutschland um Rechts oder Links hatte, eine Debatte, die seit Solingen und Mölln von den Medien systematisch mit links durchhängenden Schlagzeilen so aufgeheizt wurde, als ob das Land kurz vor der Wiederkehr des Nazismus stünde.

Allein in den ersten vier Monaten des Jahres 1994 zählte der Mediendienst *Rundy* über 2800 Überschriften und Artikel über eine vermeintliche Renaissance des Rechtsextremismus und neonazistischer Umtriebe – im Fernsehen gaben sich politische Reportagen und Magazine über den vermeintlichen Rechtsruck der Republik die Hand.

Am 13. Mai 1994 folgte auch der Freitagabend-Krimi des ZDF dem vorgegebenen Trend: In der Folge *Faust* wurden fast 10 Millionen Zuschauer Zeugen einer Kriminalplotte, in der ein Mitglied der rechtsradikalen Partei PND für einen Mord verantwortlich ist.

Bei der Europawahl im Juni 1994 aber ist von einem Rechtsruck nichts zu verspüren – die Bürger wählten die Reps aus dem Europaparlament. Statt dessen aber gibt es einen radikalen Linksruck in den neuen Ländern: Die PDS, die SED mit dem anderen Namen, plaziert sich als drittstärkste Kraft. In Mecklenburg-Vorpommern wird sie mit 25 Prozent gewählt.

Aus der Warteschleife zurück

Eine Eliteeinheit der Agitprop-Journalisten von Klaus Bednarz bis Theo Sommer schonte und schönte 40 Jahre zu lang die kommunistische Diktatur von Wladiwostok bis Meiningen. Wer damals Moskau, Ostblock und DDR kritisierte, wurde im Handumdrehen als Kalter Krieger diffamiert. Nach dem Exitus des KGB-Systems waren dessen Zerrbilder wie verschwunden. Jetzt melden sie sich aus der Warteschleife des historischen Schocks zurück, als wäre nichts geschehen. Im Gegenteil: Sie mutieren den Crash ihrer Ideologie zum Coup neuer Demagogie: Die Kalten Krieger von einst werden jetzt als neue Quasi-Nazis denunziert – von Gerhard Löwenthal bis Heinz Klaus Mertes, verstärkt durch Historiker von Arnulf Baring bis Ernst Nolte, bestärkt durch den neuen Rechts-Intellektualismus von Hans Magnus Enzensberger bis zu Botho Strauß.

Der demagogischste Dreh seit Sudel-Edes Ende gelang: Niemand redet über Links. Der Weltekel erbricht sich rechts. Ihr Hauptfeind: Rainer Zitelmann – letztes Geflecht der außer Gefecht gesetzten Marxomanen, KP-Schwärmer und ihrer angepaßten Saison-Linken. Unter der Überschrift Antifa werden selbst jene, die neben dem Holocaust des SS-Staates die Millionenausrottung des sowjetischen Genozids anmahnen, als geistige Brandstifter der Schandtaten von Solingen bis Lübeck hingestellt. Rede und Gegenrede, so Botho Strauß, sind in diesem Land plötzlich nicht mehr möglich. Unter dem Hinweis auf den Holocaust kann der Archipel Gulag nicht einmal mehr diskutiert werden. Die »Faschismus-Keule« (Knütter) fährt auf jeden nieder, der es wagt, auf das eben in diesem historischen Augenblick zusammengebrochene KZ-

System Moskaus hinzuweisen, das mehr als 100 Millionen Menschen dahinmordete. Tote, die nicht zählen?

Ausgerechnet jener deutschen Linken, die den Staat Israel, die historische Konsequenz der Juden aus dem Holocaust, bis heute anfeindet, gelingt ein kapitales Gaunerstück ideologischer Infamie: Über den Archipel Gulag redet niemand mehr – und wer doch, ist gleichsam Nazi, weil er den Holocaust unterschlägt. Über den vor 50 Jahren für immer zur Hölle gefahrenen SS-Staat reden alle. Stalins Archipel ist dagegen verschwunden. Links ist wieder in – und wer nicht links ist, ist NS-nah. Wer sich gegen diese Diffamierung wendet, muß sich dann dies anhören, was der Essayist Wolfgang Pohrt beziehungsvoll in der *Jungen Welt* am 31. Mai 1994 veröffentlichte:

»Und es ist reichlich unverschämt, wenn die Deutschen sich über die Schärfe der Kritik an ihnen beschweren. Wundern müßten sie sich, daß sie überhaupt existieren dürfen. Warum, müßten sie sich fragen, hat man 1945 nicht statt der Juden sie selber in die Lager gesperrt? Warum hält die Welt die Deutschen nicht für eine mindere Rasse, obgleich zwischen 1933 und 1945 der Augenschein dafür sprach, daß sie eine waren.«

Eine Ausgabe von *Konkret-Extra* (1/94) konfrontiert den Leser mit der Aufmacher-Schlagzeile: *Die Nazis kommen*. Linksextremist Otto Köhler denunziert Ullstein-Verleger Fleissner als Nazi-Freund, Jörg Haider als Neo-Nazi, die *Junge Freiheit* als Faschoblatt. »Rechtsextreme Aktivistinnen« kennen beim »Rassenwahn keine Geschlechtergrenzen«. Stilprobe der *Konkret*-Schreibe: »Die neue deutsche Nazifrau raucht, arbeitet und prügelt sich. Während die alten Rep- und DVU-Faschisten noch von blondzöpfigen Gebärmaschinen träumen, hat die Neonazi-Avantgarde entdeckt, welches Potential in gleichberechtigten Kämpferinnen steckt.« Oder über die konservative Wochenzeitung *Junge Freiheit*: »Hier geben sich Neonazis, Salonfaschisten, Geschichtsfälscher und CDU-Rechtsaußen ein fröhliches Stelldichein.«

Wenige halten dagegen. Wie etwa Brigitte Seebacher-Brandt, die in dem beschriebenen Getöse den Fall Zitelmann als den »eines einsamen *Welt*-Redakteurs« erkennt, »dessen Bedeutung aber weit über die Person hinausreicht« (FAZ 18. April 1994: *Strudel im Meinungsstrom*), wie Michael Wolffsohn, wie Elisabeth Motschmann, *WamS*-Redakteure wie Ulrich Schacht und Heimo Schwilk, dann Günter Zehm, Karlheinz Weißmann, Knütter oder Röhl, die sich plötzlich – wie einst im Mai – den wütenden Attacken einer Zunft ausgesetzt sehen, die sich vor allem in der verbreiteten Medienmanie übt, Fakten durch Fanatismen, Information durch Indoktrination zu substituieren.

So werden Zitelmann & Co. mit vorsätzlichem Bedacht Absurditäten wie Nationalismus und Gegnerschaft gegen die Westbindung unterstellt. Ausgerechnet der bis zuletzt gegen die deutsche Einheit polemisierende Hans-Ulrich Wehler, Vorzeigehistoriker des linkelnden Establishments, malt das Schrecknis »Mythos der Nation« an die Wand und phantasiert von einer »unheiligen Allianz« der Neuen Rechten mit ostdeutschen Intellektuellen wie Heiner Müller, Stefan Heym, Christa Wolf, Hermann Kant, Christoph Hein und Volker Braun, die »ihren ursprünglich verinnerlichten Antikapitalismus in ein traditionsreiches anti-westliches Ressentiment transferieren« – wohlweislich verschweigend, daß es eine solche Allianz zwischen den Zitelmanns und Kants nicht einmal als Denkansatz gibt und daß Zitelmann nun genau das Gegenteil eines anti-westlichen Ressentiments pflegt – wie der von ihm und Weißmann herausgegebene Band *Westbindung* demonstriert.

Mit der gefälschten Behauptung, Zitelmann sei Schüler Noltes, soll Zitelmann in die geistige Nachbarschaft des Historikers Ernst Nolte gestellt werden, der wiederum angeblich den Holocaust durch Relativierung und Historisierung zu minimalisieren versuche. Abgesehen davon, daß Zitelmann kein Nolte-Adept ist und dessen These widerspricht, Hitler sei vor allem eine Reaktion auf den Bolschewismus gewesen, so hat auch Nolte nie die Singularität von Auschwitz geleugnet. Was Noltes Gegner aufbringt, ist dessen Bestreben, »Auschwitz nicht aus allen historischen Zusammenhängen herauszunehmen und damit zu einem quasisakralen Tatbestand zu machen«.

Gustav Seibt, linksliberaler Feuilleton-Chef der *FAZ*, polemisierte dort am 29. März 1994 gegen Nolte, der sich zwei Tage zuvor in der Sat1-Talkshow *Talk im Turm* über die Massentötungen unter Hitler und Stalin äußerte. Dieser Nolte habe in herzloser Kälte das Leid des Massenmords aufgereiht, zur Datensache erniedrigt. Jacob Burkhardt, so Seibt, habe postuliert, daß Historie vom »leidenden und handelnden Menschen« auszugehen habe. Wie soll ein Historiker zu verallgemeinernden Erkenntnissen gelangen, wenn er auf Einzelschicksale fokussiert bleibt? Er muß eben auch vom Einzelschicksal abstrahieren, um das Ganze eines historischen Phänomens zu erfassen. Die Antwort ist nur möglich, wenn das Inferno Forschungsgegenstand bleibt und nicht als irrationales Phänomen historischer Aufklärung entzogen oder gar gerichtsnotorisch tabuisiert wird.

Die Hatz auf Zitelmann Anfang 1994 war nichts anderes als der Versuch der abgetauchten Kryptokommunisten – unter dem Begleitschutz eines breiten, linksgerichteten Medienverbunds –, die demokratische Rechte wider besseres Wissen als faschistoid zu denunzieren, um von den Greueln jenes roten Faschismus abzulenken, der es noch mal von hinten versuchen möchte.

Strategie und Taktik der Linken wird am Fall Zitelmann überdeutlich – das, was Wolfgang Kowalsky in seinem Band *Rechtsaußen – und die verfehlten Strategien der deutschen Linken* sowie Hans-Helmuth Knütter *Die Faschismus-Keule – das letzte Aufgebot der deutschen Linken* en detail als ideologisch-publizistische Strategie analysiert und als taktisches Vorgehen der extremen Linken konkretisiert haben, trat im Fall Zitelmann ein. Sie instrumentalisierte den Schindler-Film zur Repression, versteckte sich – ihren militanten Antisemitismus und Anti-Israel-Komplex unterschlagend – hinter Ignatz Bubis und schlug auf Zitelmann & Co. ein. Mit – vorübergehendem – Erfolg legt das linke Mediennetzwerk die Negativfolie der NS-Ära auf alle Ereignisse, um die Geschichte im Sinne des Antifa-Agitprop links von der Wahrheit zu moralisieren.

In den Medien funktioniert die Strategie Rechts vor Links bei der Darstellung des Extremismus und politischer Verbrechen perfekt:

Von den ermordeten Managern Herrhausen und Rohwedder ist in den Medien nicht mehr die Rede – niemand mehr fordert öffentlich Aufklärung und die Bestrafung der Täter.

Alle ehemaligen CDU-Ministerpräsidenten in Ostdeutschland von Thüringen, Sachsen-Anhalt bis Mecklenburg-Vorpommern wurden wegen zum Teil unbewiesener Lappalien gestürzt – der sozialdemokratische Ministerpräsident Brandenburgs, Manfred Stolpe, blieb trotz erwiesener Konspiration mit dem MfS – als *IM Sekretär* –

unbehelligt im Amt. Ralf Georg Reuth hat in dem Band *IM Sekretär* ebenso wie Sabine Gries und Dieter Voigt in der Dokumentation *Manfred Stolpe in Selbstzeugnissen* Fall für Fall, Seite um Seite die verhängnisvolle Verstrikkung des brandenburgischen Ministerpräsidenten in das MfS-Regime Mielkes nachgewiesen – Stolpe bleibt.

Nahezu alle Zeitungen und elektronischen Medien sind pauschal dazu übergegangen, die NS-Parolen betrunkener Skinheads wider besseres Wissen als Erwachen des Nationalsozialismus darzustellen.

Hochstilisierter Bodensatz

Systematisch wird von den Medien der Bodensatz der Gesellschaft zum Zentrum eines angeblichen Neonazismus hochstilisiert. Die Randale von etwa 150 angetrunkenen Skinheads am 2. Mai 1994 in Magdeburg veranlaßte die Ausländerbeauftragte der Bundesregierung, Schmalz-Jacobsen, von Szenen »wie in schlimmsten SA-Zeiten« zu sprechen – am Abend des 13. Mai versäumte der ARD-Redakteur Gerd Pelletier im *Bericht aus Bonn* vor fast drei Millionen Zuschauern nicht, diesen verbalen Ausbruch von Frau Schmalz-Jacobsen wörtlich zu zitieren, ohne darauf hinzuweisen, daß es sich bei der SA um die straff organisierte und ideologisch dressierte Sturmabteilung der NSDAP handelte, die 1931 über 77 000 organisierte und uniformierte Mitglieder (1933 dann 700 000) verfügte.

Die betrunkenen Outsider, Kleingangster und Skinheads von Magdeburg mit der militärisch disziplinierten Vorhut der Nazis zu vergleichen, offenbart entweder eine grenzenlose politische Ahnungslosigkeit der Ausländerbeauftragten oder schlicht deren Absicht, sich durch aufheizende Erklärungen hervorzutun. Die SA, die Hitler nach dem Muster des kommunistischen *Rotfrontkämpferbundes* (120 000 Mitglieder 1929) organisierte, bahnte dem Diktator mit brachialer Gewalt den Weg zur Machtübernahme.

In Magdeburg randalierten nicht organisierte SA-Typen, sondern alkoholisierte Randfiguren aus der geistig skalpierten Lumpenszene. Frau Schmalz-Jacobsen vertat sich in der politischen Farbenlehre: Sie sah braun, wo alles blau war – das linke Medienkartell applaudierte. Blau im doppelten Sinn des Wortes. In Magdeburg spuken in den Hohlköpfen einiger noch die Scheintoten der Weltrevolution: die Kommunisten, die, bei einer gottlob verschwindenden Minderheit, heillose Verwesung anrichten. Hier treibt nicht das Braun der SA, sondern das Blau der FDJ um, das Rot der SED dazu, deren Parteiemblem die »linken Gegendemonstranten« (O-Ton ARD am 13. Mai 1994) tags drauf in Magdeburg als Fahnenzeichen vor sich hertrugen: In Honeckers Flagge waren die drei Terror-Buchstaben *SED* durch das neue Heilszeichen des Agitprop namens *ANTIFA* ersetzt – die Fahne blieb aber die gleiche. Viele Zeitungen druckten den maßlosen Satz der Ausländerbeauftragen kommentarlos auf Seite 1 ab.

Polizeipräsident Stockmann: »Diese Ausschreitungen haben mehr mit Sonnenschein und Alkohol zu tun als mit rechtsextremistischem Gedankengut.« Dafür schickte ihn Höppner in die Wüste.

Die Anmerkung des Chefs der Gewerkschaft der Polizei, Lutz, daß ein solches Ereignis »sich in allen Städten zu jeder Zeit ereignen kann«, wird links ignoriert.

Gewaltszenen zwischen Franzosen und Afrikanern

zählen in Marseille zur Tagesordnung, ohne daß irgend jemand das Aufkommen einer französischen Spielart des Neonazismus hochpaniken würde. Gleiches in London, Paris, Rom – von den Rassenkrawallen in Los Angeles ganz zu schweigen. Derlei Gewalttätigkeit wird in den Metropolen im Polizeibericht abgehakt. In den Vereinigten Staaten gab es beispielsweise 1993 mehr als 20 000 Morde beziehungsweise 100 schwere Verbrechen pro Stunde. Die höchste Mordrate ist dabei unter der farbigen Bevölkerung im Alter zwischen 17 und 30 Jahren zu finden. In fünfzehn Monaten wurden in den USA zwölf europäische Touristen ermordet. Ausländerhaß? Mitnichten: Habgier und Lust an Gewalt – so die US-Behörden.

Horst Rademacher stieß am 20. Mai 1994 im Leitartikel der *FAZ (Ein Vorbild in Gefahr)* einmal die Tür zu den amerikanischen Randgruppen auf, die mit ganz anderen Ausbrüchen an Gewalt aus den Abgründen von Rassenhaß, Ghettoisierung und sozialer Perspektivlosigkeit fertig werden muß, ohne diese erschreckenden Tendenzen ideologisch in die Beschwörung von faschistoiden Ungeistern umzufälschen.

»Herrentagsspezifische Gefahrenlage«

Ganz anders wurden die Magdeburger Ereignisse vom 12. Mai 1994 – dem sogenannten *Vatertag*, der im Osten Deutschlands traditionell *Herrentag* heißt – in einem großen Teil der Medien systematisch vor aller Welt als Symptom eines wiedererwachenden Nazismus in Deutschland demagogisch hochgespielt.

Die *FAZ* veröffentlichte am 19. Mai auf vier Spalten über eine ganze Seite die Sachdarstellung der Polizeidirektion Magdeburg über die Ereignisse am Himmelfahrtstag im Wortlaut (»*Mit dem Schlachtruf ›Hooligan‹ durch den Breiten Weg*«). Der akribisch genauen Darstellung der Vorfälle von 15.30 Uhr an – als erste Berichte von dreißig alkoholisierten Hooligans im Süden Magdeburgs eintrafen – war die Observierung des Terrains um den Eulenspiegelbrunnen am Alten Markt vorangegangen. Am Vorabend des Himmelfahrtstages hatte das Innenministerium eine Information des Landsamtes für Verfassungsschutz der Polizeidirektion Magdeburg via Telefon durchgegeben. Danach sollte es am 12. Mai am Eulenspiegelbrunnen zu Auseinandersetzungen zwischen linken Gruppen kommen – möglicherweise auch zwischen linken Gruppen und Hooligans.

Die Polizei observierte den Brunnen – aber entgegen der sonstigen Gepflogenheit waren am Brunnen weder die üblichen Punks noch linke Gruppen und Hooligans auszumachen. Punks und andere Outsider wurden dagegen gegen 11.30 Uhr, »mit Getränken versorgt«, im Rotehornpark ausgemacht.

Die Eröffnung der Messe *Automa*, der avisierte Frühschoppen im Herrenkrugpark nebst einem Renntag und vor allem das schöne Wetter ließen neben der Warnung des Innenministeriums »eine herrentagsspezifische Gefahrenlage« befürchten. Die Polizei hatte ergo vorsorglich über einhundert Beamte – inklusive sieben Beamtinnen – unmittelbar einsatzbereit.

Im Gegensatz zu den Berichten in den meisten Medien eine durchaus angemessene Zahl von Beamten.

Um 15.38 Uhr erhält die Polizei via Notruf davon Kenntnis, daß Skinheads oder Hooligans Ausländer im Breiten Weg überfallen. Soweit also nachvollziehbar: Hooligans waren die unmittelbaren Auslöser der Unruhen in Magdeburg – aber ohne jeden Hinweis auf eine Planung oder sonstige Organisation.

Der Polizeibericht schildert nun Details, die in der breiten Berichterstattung – bezeichnend für die Medienschieflage im Lande – schlicht unterschlagen wurden:

Die Gewalttätigkeiten sind dann offenbar von beiden Seiten – ausländischen Gruppen und Hooligans – provoziert und gewollt worden. Der Polizeibericht hält fest, daß eine Streifenwagenbesatzung Ecke Bremer Straße/ *Karstadt* sieht, wie »fünf bis sechs Ausländer aus der *Marietta-Bar* stürmten und auf Deutsche einschlugen, die sich in Höhe der Gleise befanden«.

Weitere Beispiele:

Ein Bulgare wird festgenommen, einem Türken »ein Döner-Messer aus der Hand geschlagen«.

Zeugen zeigten den Beamten Personen, die an Gewalttätigkeiten beteiligt gewesen sein sollen. »Es handelt sich hierbei um fünfzehn Schwarzafrikaner, die vor dem *McDonald's* standen.« Die Afrikaner flüchten.

15.55 Uhr: »Jetzt wurden zwei durch Messerstiche verletzte Deutsche im Breiten Weg/Höhe *Marietta-Bar* aufgefunden. Am Einsatzort mittlerweile 13 Funkstreifenwagen mit 38 Beamten – wiederum eine im Gegensatz zu den Medienkolportagen und Kommentaren durchaus angemessene Polizeistärke in solchen Fällen.

16.30 Uhr: Am Breiten Weg stehen etwa 50 Ausländer – Schwarzafrikaner, Türken, Araber – 60 »gewaltbereiten Deutschen« gegenüber. »Einige Schwarzafrikaner zogen ihre Hosen herunter und zeigten das nackte Gesäß in Richtung der deutschen Gruppierung. Dabei gestikulierten und riefen sie: ›Kommt doch herüber.‹ Die Polizeibeamten stellten fest, daß die Ausländer mit Stöcken und Steinen bewaffnet waren.«

16.32 Uhr: Am *Café Flair* wird durch »Polizeibeamte ein mit einem Messerstich im Bauchbereich verletzter 21-jähriger Magdeburger festgestellt, der angab, von Ausländern niedergestochen worden zu sein.«

16.50 Uhr: »Ein mit einem Messer bewaffneter Schwarzafrikaner wurde ... am Taxistand Reuterstraße festgenommen.«

19.15 Uhr: »Eine mit Stöcken bewaffnete Gruppe von zirka 20 Schwarzafrikanern ging ... zum Polizeirevier Mitte. Sie verlangten die Freilassung ihrer in Gewahrsam genommnen Landsleute.«

Und so weiter. Die Medien-Zerrbilder von einer einseitigen Jagd angeblicher Neonazis auf friedlich-unschuldige Ausländer in Magdeburg stimmten so jedenfalls nicht – drei offenbar unbeteiligte Deutsche aber wurden nachweislich niedergestochen und gefährlich verletzt. Verletzte Ausländer wurden weder im Polizeireport noch in den Medien festgestellt.

Während die gewalttätige Absicht der Hooligans vorausgesetzt wird, müsse man, so der Generalstaatsanwalt von Magdeburg, bei den Ausländern erst prüfen, ob deren Gewalttätigkeiten nicht durch »Nothilfe oder Notwehr« gerechtfertigt wären. Fest steht jedenfalls: Die ausländischen Gruppen provozierten Gewalt, waren bewaffnet, stachen auf unbeteiligte Passanten ein und zogen unbehelligt bis vor das Polizeiquartier in Magdeburg Mitte. Notwehr und Nothilfe?

Selbsterlebtes und Nachfragen zu Magdeburg

In der *FAZ* vom 26. Mai 1994 meldete sich Dr. Wolf W. F. Münch zu Wort: »Beim Lesen des geistreichen Artikels *Der Kern (FAZ* 20. Mai) merkte ich, daß sein Verfasser genausowenig weiß, was eigentlich in Magdeburg passiert ist, wie der Bundespräsident und ich. Liefen da hakenkreuzbestiefelte Schläger hinter flink in Seitengäßchen entwetzenden, ihre unversteuerten Zigaretten in panischer Angst von sich werfenden Vietnamesen her, oder wurden da dunkelhäutige Geschäftsleute oder Asylanten verprügelt? Zunächst wurde unbestimmt von ›Hooligans‹ gesprochen, worunter ich mir ganz was Schlimmes vorstelle, man hört's richtig heulen, und später von ›Rechtsextremisten‹, was in mir sofort den Pawlowschen Hund weckte und ein schamhaftes Ducken verursachte.

Ausländerfeindlichkeit finde ich abscheulich, weil ich selbst 30 Jahre meines Berufslebens im Ausland verbracht habe; aber ich weiß auch, wie man sich im Ausland verhalten muß, um keine feindseligen Reaktionen zu provozieren. Die ›deutsche‹ Reaktion auf fremdländische Verbrecherorganisationen hierzulande halte ich geradezu für milde, und die Toleranz gegenüber sich halbwegs landesüblich verhaltenden Ausländern geradezu für vorbildlich; und die Bereitschaft, sie als Mitbürger anzuerkennen, auch, und das für die meisten des Erdballs. Jedoch was in Magdeburg passierte, hat man uns ja nur ganz vage mitgeteilt, und möglicherweise war es wirklich schlimm, und die Polizei hat's nur nicht gemerkt. Ich kenne ja Magdeburg: Plattenbauweise von der Innenstadt bis an den Horizont, und am Sonnabend, dem 12. März, war dazu auch noch betrübtes, graues Wetter. Ich traf am frühen Nachmittag dort ein und begab mich mit meiner Frau, beide milde gestimmt, denn wir hatten vorzüglich gespeist, über den Marktplatz, um das kulturelle Abendprogramm zu checken.

Kaum ein Mensch auf der Straße, nur ausgerechnet vor diesem Info-Zentrum Stücker 30 Jugendliche, alle um die 18, ein paar Mädchen dabei, Ohrringe, Nasenringe, bunte Plastikkleidung, schwarze Lederjacken mit Fransen, Stiefel, Turnschuhe, Haare asymmetrisch geschoren, ungepflegt, ungewaschen, einer urinierte gegen die Info-Wand, etliche lümmelten sich auf den Stufen, fast alle streichelten grüne Bierdosen und kniffen die Augen halb zu wie Rambo oder Tom Mix, der Held von Texas. Trotzdem war in ihrem mürrischen Gesichtsausdruck so was wie damals bei meinen Kindern, wenn sie an Regentagen ankamen mit den Worten: ›Papi, mir ist ja sooo langweilig, was können wir denn mal unternehmen?‹

Ich trug meinen eingerollten Regenschirm in der Hand, Griff und zentraler Knüppel solides Kirschbaumholz aus England, man kann sich darauf verlassen. Ein langer Schlaks, fast genauso groß wie ich, aber wesentlich leichter, wahrscheinlich nur Bier im Bauch, versuchte mir den Schirm zu entreißen. Es gelang ihm nicht, denn ich bin noch rüstig, und hätte er nicht von mir abgelassen, dämlich grinsend, dann hätte er was auf den Dätz gekriegt, mit dem Schirm, und dann wäre ich wahrscheinlich in die Schlagzeilen geraten. (›Opa als Berserker – Jugendlicher durch Klassenfeind mißhandelt.‹)

Statt dessen entschritten wir schweigend und würdevoll; Bierdosen flogen uns nach, eine halbvolle traf mich genau in den Hintern, es tat zwar nicht weh, aber näßte mich mit Bier ein und versaute mir die Hosen und Laune. Ich bin sicher, für die Kerle war's ein Mordsspaß, denn endlich war mal was passiert. Wäre ich nun ein Ausländer gewesen und hätte ich Angst gekriegt, wäre womöglich, die schreiende Frau hinter mir herschleifend, davongelaufen, der johlende Mob hinterher, und ich hinterher zur Polizei und viel Achherrje drum gemacht, dann hätten wir vielleicht die Berichte über Ausländerjagd, die Rede des Bundespräsidenten und den schlauen Artikel des Dirk Schümer schon zwei Monate eher gehabt.«

Zwei weitere Zuschriften in der *FAZ* konterkarieren das Geschehen von Magdeburg mit einer ganzen Reihe konkreter Argumente. Jürgen Riek, Eschborn (Taunus), schrieb am 28. Mai 1994 dies: »Abweichend von dem gezeichneten Bild, zeigt der Bericht, daß die Polizei schnell und verantwortungsbewußt gehandelt hat. Sie hat sich entsprechend der landauf, landab gepriesenen Deeskalationsstrategie verhalten, die streitenden Gruppen getrennt und 46 Personen (32 Deutsche und 14 Asylbewerber) in vorläufigen Gewahrsam genommen und dabei die Personalien festgestellt.

Wenngleich die Schlägerei von Hooligans begonnen wurde, so waren die Ausländer doch offensichtlich gewillt, in diese Schlägerei einzutreten. Möglicherweise waren sie sogar darauf vorbereitet, denn erstens konnten sie sich innerhalb kürzester Zeit zahlenmäßig sehr verstärken, zweitens waren sie mit Messern, Stöcken und Steinen bewaffnet, und drittens provozierten dann einige von ihnen ihre Gegner durch das Zeigen ihres nackten Hinterns, was ja nicht gerade auf große Angst schließen läßt. Weiter fällt auf, daß offensichtlich nur Deutsche verletzt wurden.

Ich empfinde es aber nach Kenntnis des Polizeiberichts als ein Versagen, wenn fast unisono die Vorwürfe gegen die Polizei übernommen werden und einhellig von ›fremdenfeindlichen Ausschreitungen‹ geschrieben wird, statt wahrheitsgemäß von Schlägereien zwischen deutschen randalierenden Jugendlichen und Ausländern.«

Schließlich Professor Dr. h. c. Wolfgang Kartte, Ex-Präsident des Bundeskartellamts, heute Berater von Präsident Jelzin, zu den Magdeburger Vorgängen und den Reaktionen in Politik und Presse in der *FAZ* vom 28. Mai 1994: »Wenn der Bundesaußenminister erschrokken über das verheerende Deutschlandbild im Ausland ist, so erkennt er hoffentlich, daß dieses Bild weitgehend hausgemacht ist. Unsere eigenen politischen Parteien bekunden immer wieder ›Entsetzen‹ und ›Ratlosigkeit‹ (FAZ vom 19. Mai) über Gewaltakte gegen Ausländer in einer Weise, die die Unterstellung nährt, in Deutschland gäbe es einen besonderen Hang zu Fremdenfeindlichkeit. Ich komme viel herum und habe noch keinen vernünftigen Menschen getroffen, der etwas gegen Ausländer hat, die hier als Taxifahrer, Unternehmer, Handwerker, im Dienstleistungsgewerbe oder sonstwo arbeiten und ihre Steuern und Sozialabgaben zahlen. Und keiner hat etwas gegen politisch Verfolgte, die bei uns um Asyl bitten und das Gastrecht nicht mißbrauchen.

Freilich gibt es einen Bodensatz von Fremdenfeindlichkeit in jedem Land. Dieser dumpfe Fremdenhaß wächst, wenn Arbeitslosigkeit und Existenzangst zunehmen. Der Soziologe weiß, daß dagegen kein Kraut gewachsen ist. Und nicht immer sind Elternhaus, Schule oder andere schuld, wenn einer die Hemmschwelle überschreitet, die jeden normalen Menschen von der Gewalt gegen andere Menschen abhält. Allein der bei uns vorherrschende Zeitgeist leugnet, daß es kriminelle Veranlagungen gibt, gegen die uns nur das Strafrecht schützen kann. Die Genforschung wird es vermutlich erweisen.

Viele, so auch ich, kritisieren aber eine Politik, die es

unter der Flagge des liberalen Rechtsstaates zuläßt, daß dieses Land immer mehr zu einem Tummelplatz für zugereiste Kriminelle wird. Die Politiker selbst sind am Zuge. Das Strafrecht gehört so verschärft, daß unser Rechtsstaat nicht Papiertiger bleibt. Und Vereinigungen, die offen oder versteckt zu Fremdenhaß aufstacheln, gehören verboten.

Achtung der Menschenwürde und Minderheitenschutz sind selbstverständlich, aber bitte nicht gar zu hingebungsvoll auch für jene ›multikulturelle‹ Minderheit von Totschlägern, Messerstechern, Geldwäschern und Krawallbrüdern, die alle in diesem Land, Deutsche wie Ausländer, terrorisieren.«

Hardliner und Anpassungsstrategen

Der Aufschrei des linken Medienkartells über die »neofaschistischen Krawalle« *(Taz)* verschüchterte die ohnehin soften Nachschreibmedien der Mitte, heizte die elektronischen wie gedruckten Hardliner zur Linken an und zeitigte naturgemäß sofort Wirkung bei den auf Wahlstimmen bedachten Anpassungsstrategen aller Parteien: Unions-Rechtsexperte Eylmann forderte – wie bei fast jeder sich bietenden Gelegenheit, abstrakt sowie ohne Not und Sinn – eine Strafgesetzverschärfung: Eylmanns Standardformel in allen Lagen. Die SPD forderte dagegen konkret und gezielt die Absetzung von Innenminister Remmers in Sachsen-Anhalt sowie die Dienstverweisung von Magdeburgs Polizeipräsident Stockmann. – Es versteht sich am Rande, daß Medien wie Politiker zum Zeitpunkt ihrer Erklärungen und Forderungen den konkreten Ablauf der Ereignisse von Magdeburg noch gar nicht zur Kenntnis nehmen konnten – und vielleicht auch nicht wollten.

Die abqualifizierende Vorverurteilung mit den üblichen propagandistischen Totschlagparolen wie »Polizeiversagen« *(Süddeutsche)* und »Innenminister-Versäumnissen« *(Frankfurter Rundschau)* bei den a priori als »neofaschistisch« (SWF) einsortierten Krawallen ließen dann auch den Generalstaatsanwalt von Sachsen-Anhalt, Jürgen Hoßfeld, von einer »offenbar geplanten Aktion« sprechen. Diese Behauptung Hoßfelds war für die *Frankfurter Rundschau* und die *Taz* das gefundene Fressen. Unter Weglassung des relativierenden »offenbar« machte die *Frankfurter Rundschau* ihre Pfingstausgabe am 21. Mai 1994 mit der Schlagzeile auf: »Magdeburger Angriff war vorher geplant.« Erst im darunter stehenden Text wird das »offenbar« vor das Wörtchen »geplant« gedruckt. Der Kommentar auf Seite 3 streicht dann aber jede Relativierung zusammen, um die Schuldigen vorzuführen: »Die Führung (gemeint sind Polizei und Innenminister, Anm. d. Verf.) versucht ihr Gleichgewicht zu finden, indem sie sich die rüde Wirklichkeit schönfärbt.« Die Zeitung sagt freilich nicht, wie das diese Führung tut.

Die *Taz* haut in die gleiche Kerbe. Aufmachung der Pfingstausgabe der alternativen Tageszeitung: »Die Magdeburger Menschenjagd war geplant.« Im Kommentar der *Taz* versteigt sich Leitartikler Klaus Hillenbrand dahin, die Beteiligten, also Polizei und Innenminister Remmers, als Komplizen der »neofaschistischen« Krawallbrüder zu diffamieren. Für den Kommentator ist klar, »daß sie selbst Sympathien mit den Tätern hegen«.

Der Ostberliner *Freitag* des alten SED-Verharmlosers Günter Gaus überschreibt sein Pflichtstück in der Pfingstausgabe 1994 mit der Zeile: »Jagd auf alles, was fremd ist«. Das Stück gipfelt – natürlich – in dem angeblichen Zitat eines angeblichen Malinesen, der gesagt haben soll, daß er sich angeblich die DDR zurückwünsche – oder war das nicht vielmehr der Ostberliner Autor des Artikels? Dieser, Günter Piening, schreibt im danebenstehenden Kommentar über einen Afrikaner, der in Magdeburg von Skinheads gejagt worden sei: »Die Polizei läßt gewähren, entwaffnet statt dessen einen Ausländer und überläßt ihn dem Mob... erinnert einen die Magdeburger Menschenjagd schmerzlich daran, wie weit die Republik nach rechts gerutscht ist.«

Der fiktive »Rechtsruck«

Die Unterstellung eines angeblichen Rechtsrucks der Republik wird simultan von ARD und ZDF, aber auch von Sendungen der privaten Programme begleitet und verstärkt.

Was immer in Magdeburg und anderswo geschah, es wird in den gewollten Kontext einer vorgezeichneten Propaganda-Linie aufgenommen, die etwa so funktioniert:

Die Republik driftet nach rechts.
Rechts radikalisiert sich zunehmend.
Die Radikalisierung führt zum Neonazismus.
Rechts ist somit gleichbedeutend mit neonazistisch.
Folge: Außer Links ist alles Nazi.

Wochen später, bei den Wahlen des Jahres 1994, wird für Stunden das Licht in Deutschland eingeschaltet: Statt des Rechtsrucks gibt's das Gegenteil zwischen Schwerin und Magdeburg – einen Linksruck zur PDS, der alten SED in neuen Kleidern: Fast ein Viertel aller Stimmen holt sie aus dem Agitpropmix DDR-Verklärung, Antifa-Beschwörung und Neonazi-Schreckensbilder.

Mit jener politisch entfachten und ideologisch betriebenen Energie wird von der vierten Gewalt und der hinter ihr funktionierenden Lobby aus linksgewirkten Politikern und Propagandisten eine verschwindende, zuweilen pubertäre Minderheit am äußersten unteren Rande der Gesellschaft, deren politischer Analphabetismus zu nichts fähig ist, als Feuer zu legen und mit Steinen zu werfen, mit dem organisierten »Deutschland erwache«-Aktivismus der Nazis verglichen. Deren SA und SS hat aber die Demokratie nicht mit unorganisierten, betrunkenen, unverdaute Parolen nachlallenden Glatzköpfen gekippt, sondern mit militärisch organisierten und ideologisch abgerichteten Trupps des Demokratie- und Rassenhasses.

Der Spiegel zitiert die Dokumentation des Düsseldorfer Innenministeriums (SPD) über Rechtsextremismus. Diese offizielle NRW-Analyse kommt zu dem Schluß, daß die Hakenkreuz-Skinheads und Siegheil-Hooligans keineswegs, wie von ARD und *Taz* behauptet, »vernetzt in den elektronischen Systemen arbeiten«, sondern von der »Programmlosigkeit der Rechtsextremisten« geprägt sind, deren »politische Leidenschaften« von vager NS-Schwärmerei und »vom Glauben an die Überlegenheit der deutschen Tugenden gespeist sind«.

Der Spiegel weiter: »Der paradoxe Befund, daß die Rechtsextremen brutal für ihre Überzeugungen kämpfen, ohne zu wissen, was sie eigentlich wollen, unterscheidet sie von anderen gesellschaftstheoretisch gestützten Ideologien, etwa dem Marxismus.« Und unterscheidet sie demgemäß auch fundamental von der durch Frau Schmalz-Jacobsen strapazierten SA Hitlers.

Die politische Kunst der Demokratie besteht darin,

auch mit einem Haufen Spinnern zu leben (und sie einzusperren, wenn sie Gewaltverbrechen begehen), statt diese durch manipulierte Berichterstattung zu Neonazis hochzustilisieren. Das muß genauso geschehen, wie die staatliche Gewalt gegen jene einzusetzen ist, die mit ideologischem Vorsatz – wie die RAF – Repräsentanten dieser Republik durch den gezielten politischen Mord wie in den Fällen Rohwedder und Herrhausen liquidieren.

Die vom Kartell immer wieder suggerierte Annahme, die Schandtaten von Mölln, Lübeck und Solingen seien organisiert, konterkarierte Volker Zastrow am 30. Juni 1994 im *FAZ*-Leitartikel *Extremisten* so: »Doch die Täter sind isoliert. Es ist nicht zu erkennen, daß ihre Verbrechen mit Wohlwollen und ›klammheimlicher Freude‹ etwa von emphatischen Intellektuellen begleitet werden. Ganz anders war es beim Linksterrorismus, der aus einer jahrelangen Diskussion der Linken über die richtigen Mittel zur unumstrittenen Zersetzung des ›Systems‹ hervorging. Wie weit die Unterschiede reichen, verdeutlicht am besten Phantasterei: Ernst Nolte besucht die Mölln-Attentäter im Gefängnis – wie einst Sartre die Baader-Bande –, Botho Strauß verlangt im Magazin *Focus* für irgendeinen Skinhead ›nicht Gnade, sondern freies Geleit‹ – wie einst Heinrich Böll im *Spiegel* für die Meinhof –, deutsche Medien fabulieren weithin über die ›Hinrichtung‹ von Rechtsterroristen durch Polizisten – wie jüngst bei Grams.

Das rechts Unvorstellbare gehört links zum Alltag. Bis heute verbindet Teile der Linken mit den Linksextremisten der Rekurs auf gemeinsame Wurzeln, nachzulesen etwa in der *Tageszeitung*; und dieselbe Art von Gemeinsamkeit bot linken Terroristen Unterschlupf, solange die DDR noch existierte.«

Schließlich Zastrow zur sogenannten Heckelmann-Affäre im Juni 1994, einer weiteren »amtlichen« Kampagne des Kartells: »In Berlin wurde jetzt versucht, an Heckelmann (Innensenator, dessen Sprecher angeblich Kontakte ›mit Rechtsradikalen‹ gehabt hat, Anm. d. Verf.) ein Exempel zu statuieren. Hier erhob eine radikale Linke am Beispiel Heckelmann den Anspruch, die Extremismusgrenze rechts zu markieren. ›Rechts‹ soll dabei als Synonym für ›radikal‹ und ›extremistisch‹ gelten; es soll eine demokratische Rechte im Grunde nicht geben dürfen. Dabei bedient man sich eines denunziatorischen Grundmusters: Wer mit einem gesehen wird, der einen zweiten kennt, hinter dem ein dritter stehen könnte, von dem ein vierter behaupten kann, er habe Kontakt zu Rechtsextremisten, ist selber einer.«

Das von den Medien ventilierte Klima einer dämonisierten Bundesrepublik, die in Ausländerfeindlichkeit und Antisemitismus zu verkommen drohe, zählt zu den übelsten Kampagnen, die das linke Medienkartell in dieser Demokratie seit deren Bestehen angestiftet hat. So unerträglich es für jeden anständigen Deutschen ist, daß in Lübeck eine Synagoge – von wem auch immer – angezündet wurde, so verräterisch ist es, wenn anderntags ein namhafter deutscher Journalist, Giovanni di Lorenzo (in der *Süddeutschen* vom 26. März 1994), hingeht und diesen ersten und gottlob einzigen Fall einer nach dem SS-Staat angezündeten Synagoge in die demagogische Schlagzeile ummünzt: »Wenn Synagogen brennen« – Warum denn der demagogische Plural? Um Panik zu erzeugen? Abneigung des Auslands gegen Deutschland? Der schreckliche Singular *einer* brennenden Synagoge ist schon mehr als genug.

So ist es kein Zufall – sondern ein exemplarischer Fall

dieser Medienlenkung –, was im WDR geschah: Auf acht Seiten hat der WDR-Rundfunkrat am 16. Dezember 1993 in einem Papier, betitelt *Zum Umgang mit dem Problem des Rechtsextremismus im Programm*, eine Art Weisung für Redakteure festgehalten, die mit keiner Silbe auf den Linksextremismus eingeht.

Der Text liest sich, als ob die Bundesrepublik Deutschland kurz vor der Machtergreifung durch Neonazis stünde. Redakteure des WDR werden aufgerufen, quer durchs Programm Beiträge gegen Rechtsextremismus zu bringen, aber »vor allem in Hauptnachrichten und Magazinsendungen, um ein möglichst breites Publikum zu erreichen«.

Den Redakteuren empfiehlt der Rundfunkrat, der das Papier einstimmig mit drei Enthaltungen beschloß, wörtlich: »Mit Begriffen, Statistiken und (Schau)Bildern soll der Zuzug von Einwanderern und Flüchtlingen nicht dramatisiert werden, weil dies zu Panikstimmung in der Gesellschaft führt. Negativ besetzte Stereotype wie zum Beispiel *Asylant, Flut, Strom, Chaos,* sollen vermieden werden...«

Auch nach Meinung von ARD-Redakteuren überschreitet hier der Rundfunkrat seine Empfehlungskompetenz. Ob und wie Begriffe, Statistiken und Tabellen eingesetzt werden, obliegt allein der journalistischen Sorgfaltspflicht. Tatsachen zu frisieren oder gar zu verschweigen läuft auf jene Sprachregelung hinaus, die genau aus jener Ära stammt, deren Wiederkunft hier keine Chance hat. Erstaunlich: Im Papier kein Wort über den grassierenden Linksradikalismus.

Nahezu alle repräsentativen Umfragen der führenden demoskopischen Institute von 1992 bis 1994 ergeben übereinstimmend, wie weit die Schere zwischen öffentlicher und veröffentlichter Meinung von interessierter Seite geöffnet worden ist, um dieses Land in den Augen des Auslands wie der eigenen Brüder als ausländerfeindlich und vom Antisemitismus geprägt zu denunzieren.

Die Umfragen ergeben einhellig: Die Deutschen sind nicht ausländerfeindlich und schon überhaupt nicht antisemitisch.

Die Jugend dieses Landes steht allen ausländerfeindlichen oder antisemitischen Aktionen einer verschwindenden Minderheit mit absoluter Ablehnung gegenüber – Neonazismus, Antisemitismus und Ausländerhaß haben im wiedervereinten Deutschland nicht die geringste Chance – eine vom linken Medienkartell weithin verdrängte oder verschwiegene Tatsache.

FÜNFTES KAPITEL
Auf zum letzten Geflecht
ARD und ZDF im Würgegriff von Parteien und IG Medien

*»Die verfassungsrechtlich gebotene
Staatsferne des öffentlich-rechtlichen Rundfunks
wurde durch die Parteiennähe
zum Gegenteil pervertiert.
Es gibt heute kaum einen
Intendanten, Programmdirektor oder Chefredakteur
in ARD und ZDF, der nicht von einer Partei
gelenkt oder zumindest beeinflußt wird.
Allerdings: Die von der Union gestellten
und geführten Gremienmitglieder sind Papiertiger, da sie
nichts bewegen können. Ihnen fehlt die redaktionelle
Basis, die sich ihnen a priori entzieht. Anders die
Gremienmitglieder der Sozialdemokratie und vor allem
der Gewerkschaft. Sie können sich voll und ganz auf das
rotgrüne Geflecht der Redakteursbasis beziehen, die
allein das macht, was die Zuschauer erreicht.
Und diese Basis wird weithin bestimmt, beeinflußt und
kontrolliert von der IG Medien.
Das ist der Punkt.«*

HELMUT WALTHER

In diversen Publikationen wird immer wieder die Parteizugehörigkeit der ARD- und ZDF-Führungskräfte aufgelistet. Ohne Parteimitgliedschaft oder garantierte Parteinähe macht in den oberen Etagen von ARD und ZDF niemand Karriere. Alle Funk-Häuptlinge reisen via Parteiticket durch die elektronische Landschaft – ein Skandal ohnegleichen. Denn: Durch die Parteimitgliedschaft oder Parteinähe sind nahezu alle dieser Funk-Funktionäre beeinflußbar, lenkbar und zuweilen auch politisch wie publizistisch erpreßbar – was sie weit von sich weisen, obwohl es so und nicht anders ist.

Ihre wesentliche Rolle besteht erstens darin – vor allem bei Intendanten, Chefredakteuren und Programmdirektoren in ARD und ZDF –, die personalpolitischen Vorstellungen des jeweiligen Parteivorstandes in der Hierarchie des Mediums zu realisieren. Dies bedeutet, politisch zuverlässige Rundfunkkader im öffentlich-rechtlichen System zu installieren – wo diese einmal Installierten danach beamtengleich (so gut wie unversetzbar und unkündbar) ihre Parteiaufgabe erfüllen können.

Zweitens aber erfüllt die erste Reihe in den öffentlich-rechtlichen Sendern ihre Aufgabe damit, daß sie das rotgrüne Redakteursgeflecht gewähren läßt – wenn sie es denn schon nicht unmittelbar fördert.

Genauso funktionieren die Gremien, die Rundfunk- und Verwaltungsräte. Die Verwaltungsräte, zumeist der höchsten Kaste diverser Institutionen und Parteien entstammend, beschließen erstens die ARD- und ZDF-Generalberufungen von Intendanten und Chefredakteuren nach Parteien oder Gesinnung, damit von oben her das geschlossene System funktioniert.

Und zweitens dulden sie das von der rotgrünen Redakteursbasis geschaffene und von der IG Medien geschützte Programm via Wegschauen, Nichthinschauen und systematischem Abschmettern aller Programmbeschwerden durch Bürger, Blätter oder Zuschauervereinigungen –

oder eben der Parteien, die sich von einem Sender, der einer anderen Partei zugerechnet wird, ungerecht behandelt fühlen.

Gebühren – Gretchenfrage des Systems

Der beherrschende Einfluß des linken Medienkartells in ARD und ZDF basiert vor allem auf dem sogenannten Gebührenstaatsvertrag, der ARD & ZDF ein 8-Milliarden-Mark-Inkasso per annum gleichsam als Steuereinnahme garantiert. Mit diesen acht Milliarden Mark gedieh das öffentlich-rechtliche System – das permanent dabei ist, Medienkonzerne aller Art als Bedrohung der Pressefreiheit vorzuführen – nahezu unbemerkt zum größten europäischen Fernseh- und Rundfunkkonzern überhaupt, zumal zu diesen acht Milliarden noch eine Milliarde Einnahmen aus Werbung addiert werden müssen – und zudem über die European Broadcasting Union (EBU) europaweit mit den anderen staatlichen oder öffentlich-rechtlichen Medienkonzernen von Italien bis London, von der RAI bis zur BBC, vernetzt ist; ein weites und weiteres Kapitel, das der Kommission der EG längst Unbehagen bereitet.

Zu den Perversionen des Systems gehört, daß dieser doppelt finanzierte, hochkommerzialisierte Neun-Milliarden-Konzern die privaten Anbieter von Beginn an als »kommerzielle Fernsehsender« denunzierte. Als kommerzielle Sender zu einer Zeit, da RTL und Sat 1 nur rote Zahlen schrieben, sich mühsam aus ersten Werbeschaltungen finanzierten, von den Gebühren nichts bekamen (und bekommen). Die Privaten waren nach dieser nicht undemagogischen Lesart kommerziell, ARD und ZDF aber kulturell – was sie schon längst nicht mehr sind, da sie die sogenannte Grundversorgung (also Programm für Minderheiten, Randgruppen pp.) auf breiter Programmfront durch Shows, Talks, Serien und Kintopp ersetzt haben. Von daher wäre ohnehin kein Anspruch mehr auf Rundfunkgebühren gegeben.

Kalt kippte das ZDF zum Beispiel im Mai 1994 die von Bühnen, Autoren, Rezensenten und Hunderttausenden von Zuschauern hochgeschätzte Sendereihe *Das kleine Fernsehspiel* – ohne Millionenquote rechnet sich bei dem »Grundversorgungs«-Sender eben nichts mehr. Der Begriff Kommerz, den ARD und ZDF zur Abqualifizierung der privaten Mitbewerber anwenden, trifft mittlerweile auf sie selbst mehr zu als auf die privaten Anbieter, die den Informations- und Kulturvorsprung des öffentlich-rechtlichen Systems durch politische Magazine, bessere Nachrichten und ein aktuelles Infotainment zumindest aufgeholt haben.

Maybritts Vibratoren

Am Montag, dem 9. Mai 1994 zum Beispiel, exemplarisch für jeden dritten anderen Tag, tauchten im ZDF-*Morgenmagazin* zwischen sieben und acht Uhr vor den Augen von rund 40000 Kindern von 4 bis 14 Jahren rosa Gummischwengel in voller Länge auf, die dazu da seien, so O-Ton ZDF, »die Lust der Ladies zu befriedigen«.

Dazu »leckere Dessous« und bunte Vibratoren. ZDF: »Gegen Frust hilft Lust.«

Stolz verkündete die Ansagerin Maybritt Illner: »Und so was zeigt das ZDF auch morgen.«

Der öffentlich-rechtliche »Grundversorgungs«-Sender

3sat wiederholte das Stück am selben Morgen kurz nach neun.

Das ARD-Magazin *Brisant* bietet am Nachmittag dieses Tages um 17.10 Uhr Kondome in ganzer Bildschirmfüllung an – nicht als Aids-Verhütung, sondern zum Lustgewinn. Da schauen etwa 300 000 Kinder zwischen 5 und 15 Jahren zu.

Die Fahrpläne von ARD und ZDF sind bis auf verschwindend wenige Minuten von Grundversorgung befreit worden – es geht nur noch um Einschaltquote, um den dramatischen Verlust an Werbemillionen auszugleichen. Der Gebührenanspruch des öffentlich-rechtlichen Systems, vom Verfassungsgericht gleich mehrfach festgeschrieben, ist nach Wegfall dieser Grundversorgung – Voraussetzung für Gebühren – in keinem Fall mehr gedeckt.

Die sogenannten Rundfunkgebühren für ARD und ZDF werden als eine Art Steuer durch die Kölner Gebühreneinzugszentrale (GEZ) von jedermann eingezogen, der ein Rundfunk- oder Fernsehgeräte zum Empfang bereithält (auch unangeschlossen im Keller oder auf dem Boden verpackt) – so bestimmt dies der Gebührenstaatsvertrag. Diese Zwangsgebühren sind allerdings auch die letzte finanzielle Geschäftsgrundlage des öffentlich-rechtlichen Rundfunksystems, nachdem sich für ARD und ZDF von 1989 bis 1993 die Einnahmen aus Werbung halbierten, aber die Kosten des aufgeblähten Verwaltungsapparats blieben und stiegen. Dieses Werbefiasko ist deshalb besonders einschneidend, weil im Zeitraum von sieben Jahren die gesamten Fernsehwerbeumsätze von 1,4 Milliarden Mark (1985) auf 4,3 Milliarden Mark (1992) stiegen – aber nur bei den Privaten. ARD und ZDF rangieren bei den Webeeinnahmen mittlerweile hinter RTL,

Sat 1 und sogar Pro 7 auf dem vierten Platz – vor allem das Zweite traf dieser Rückgang vernichtend.

Von den mehr als 5 Milliarden Mark Werbeeinnahmen im Fernsehen bekommen die öffentlich-rechtlichen Sender keine Milliarde mehr – mit weiterhin stark abnehmender Tendenz, da ARD und ZDF nicht mehr Marktführer bei den Einschaltquoten sind, sondern diese Rolle an RTL abgeben mußten.

Auch das Bundesverfassungsgericht konnte das öffentlich-rechtliche System kaum mehr retten, als es am 22. Februar 1994 ARD und ZDF eine Art Freibrief für die Festlegung der Zwangsgebührenhöhe ausstellte. Der in Jahrzehnten bis zur monströsen Unkenntlichkeit aufgeblähte Apparat von ARD und ZDF mit über 30000 Festangestellten – Durchschnittsgehalt über 5000 Mark monatlich – frißt sich finanziell selber auf, selbst wenn die Gebühren von jetzt monatlich 23,80 DM verdoppelt würden.

Hauptgrund des Debakels sind die Festangestellten, von denen sich der Gebührenkonzern nicht trennen kann und nach den Verträgen auch in den wenigsten Fällen trennen darf. Schon am 28. Juni 1982 stellte der *Spiegel* in seiner Titelstory *Tatort Fernsehen* fest: »Fast die Hälfte der gesamten Betriebskosten bei der ARD aber werden für das Personal ausgegeben, beim ZDF sind es 28 Prozent. Die 310 Redakteure zum Beispiel, die in der ZDF-Chefredaktion unter Reinhard Appel tätig und zuständig sind fürs Aktuelle aus Politik, Wirtschaft und Sport, produzierten dort im Rechnungsjahr 1980 eben 72000 Sendeminuten – pro Mitarbeiter drei Stunden und 52 Minuten.« Im Jahr. Und dies dürfte heute noch weniger sein.

Die 700 Mitarbeiter von RTL verdrängten die 30000 Festangestellten von ARD und ZDF vom marktentscheidenden Führungsplatz der Einschaltquoten aller Sender.

Die ARD, auf Platz drei abgeschlagen, finanziert ihr 26 000-Mann-Heer mit einem Finanzaufwand von 1,961 Milliarden allein für Personalvergütungen.

Um den ganzen konkreten Wahnsinn der Personalaufblähung des gebührenfinanzierten Rundfunks auf die Spitze zu treiben: Allein der Einzug der Zwangsgebühren durch die GEZ im Jahr 1992 kostete exakt 53,7 Millionen Mark.

Allein 800 (achthundert!) festangestellte Mitarbeiter beschäftigt die GEZ, die nur mit dem Einzug der Gebühren beschäftigt ist. Das ist mehr als das Doppelte dessen, was alle privaten Sender, von RTL bis Pro 7 zusammengenommen, im programmschaffenden Bereich fest angestellt haben.

»Der Koloß wird kollabieren«

Beim ZDF belaufen sich diese Personalkosten auf 520 Millionen Mark für fast 4000 feste Mitarbeiter. ARD und ZDF zusammen betreiben Personal-Gigantismus mit 2,5 Milliarden Mark, ein auf Dauer haushaltspolitisch tödlicher Betrag, dem ARD und ZDF nur durch Massenentlassungen begegnen könnten – was sie natürlich nicht dürfen und trotzdem müssen, wenn sie überleben wollen. Denn die Werbeeinkünfte sacken weiter ab – und die Gebühren können, wie noch zu zeigen sein wird, vielleicht gar nicht mehr erhöht werden, jedenfalls aber nicht so spektakulär auf fünfzig oder mehr Mark. Selbst eine solche massive Gebührenerhöhung würde die Krise des öffentlich-rechtlichen Rundfunks nur für eine Zeit von fünf Jahren abwenden können.

Der Spiegel prognostizierte aufgrund dieses ARD- und

ZDF-Dilemmas in einer weiteren Titelstory schon am 6. November 1989: »Der Koloß wird kollabieren.«

In dieser Situation kommt nun die – für ARD und ZDF dramatische – Meldung, daß sich im Zuge des geeinten Europa die Kommission der Europäischen Union auf Antrag privater Fernsehveranstalter aus Frankreich, Italien, Spanien und Portugal damit beschäftigen wird, Zwangsgebühren als unstatthafte Subvention des Staates zu verbieten.

Die Mehrheit der EU-Kommissionsmitglieder sieht keinen Unterschied zwischen kommerziellem und öffentlich-rechtlichem Rundfunk – so Jão de Deus Pinheiro, EU-Kommissar für Kultur und audiovisuelle Medien, in einem Interview mit der in Paris erscheinenden *International Herald Tribune*.

Im öffentlich-rechtlichen System und auch in den es stützenden Verfassungsgerichtsurteilen hierzulande wird öffentlich-rechtlicher Rundfunk entgegengesetzt definiert. Über den programmschaffenden Redakteuren wie den meist von Parteizentralen ferngelenkten telepolitischen Meinungsmachern und Kommentatoren des Rundfunks und Fernsehens ruht die Gebührenglocke wie eine Schutzkuppel, die sie unabhängig macht vom *hire and fire* des freien Marktes, der in der Regel Können vor Gesinnung stellt, indessen im ARD & ZDF-Konzern die Karrieren der politischen Redakteure weithin vom Parteibuch abhängig sind.

Für die Europäische Union ist Fernsehprogramm eine Ware und Fernsehen wie Hörfunk eine Dienstleistung und keine Grundversorgung – ein Begriff, hinter dem sich nur zu oft die ideologische Konterbande des linken Medienkartells in ARD und ZDF zu verbergen weiß.

Kaum machte die Meldung aus der Kommission der

EU im April 1994 die Medienrunde, waren es keine Verfassungsrichter oder Intendanten, die in großes Wehgeschrei über den kommenden möglichen Wegfall der Gebühren ausbrachen, sondern es war bezeichnenderweise ein amtierender Ministerpräsident, der sich offenbar schon um sein Megaphon gebracht sah: Edmund Stoiber ergriff in der Programmzeitschrift *Gong* vom 27. Mai 1994 das Wort. Im Leitartikel des Blatts klagte Stoiber im Frageton: *Will Europa ARD und ZDF abschaffen?*

Ausgerechnet Edmund Stoiber, der bislang nie müde wurde, ARD und ZDF politischer Zerrbildnerei zu zeihen, ließ sich im Erhaltungseifer für seinen Bayerischen Rundfunk zu seltsamen Wünschen hinreißen: »Im übrigen glaube ich auch, daß die große Mehrheit bei uns auch künftig bereit sein wird, die Rundfunkgebühren zu bezahlen, wenn ARD und ZDF ihrem Auftrag nachkommen und qualitätvolle Programme anbieten.«

Ganz abgesehen davon, daß sich nach allen Umfragen im geeinten Deutschland keine Mehrheit finden läßt, die für die Zwangsabgabe an den öffentlich-rechtlichen Rundfunk votiert, zumal eine wachsende Mehrheit im Lande die privaten Sender vorzieht, entscheidet in diesem europäischen Problemfall weder der öffentlich-rechtliche Rundfunk selbst noch der Zuschauer oder Ministerpräsident, sondern eben die Kommission der Europäischen Union, rechtlich kontrolliert durch den Europäischen Gerichtshof. Die dann getroffene Entscheidung wird europäisch rechtsgültig sein und dann auf Deutschland zwingend übertragen werden müssen – die Frage ist allein der Zeitpunkt.

Für den SWF-Justitiar Rüggeberg ist der kommende Wegfall der Gebühren aufgrund der zu erwartenden EU-

Urteile jedenfalls alles andere als ein »unrealistisches Horrorgemälde« – also kein Gerücht aus privaten Sendetöpfen, sondern europäischer Realismus von morgen.

Bezeichnend bei alledem ist nur eines: Die Kommission erkennt in zwangsweise erhobenen Rundfunkgebühren einen flagranten Zugriff des Staates auf die Rundfunkfreiheit. Ministerpräsident Stoiber hat diese These der EU mit seiner Verteidigung des öffentlich-rechtlichen Systems und der Zwangsgebühr auf schlichte Weise bestätigt – so als ob ihn die Angst umtriebe, den für seine Regierung unverzichtbaren Bayerischen Rundfunk zu verlieren.

Genau das ist eingetreten, was die Verfassungsväter einst beim Entwurf eines staatsunabhängigen Rundfunks nicht wissen konnten und sicherlich auch nicht wissen wollten: daß gerade über die Länder und deren Staatskanzleien der Staat in den Rundfunk, den sie zur Ländersache machten, zurückkehrt. Heute sind die Ländersender der ARD durchweg De-facto-Länder-Staatssender.

»Netzwerk der Genossen«

Über den Ländereinfluß der Staatskanzleien auf das Länderfernsehen der ARD hinaus werden die zentralen Einrichtungen der ARD wie ARD aktuell (*Tagesschau* und *Tagesthemen*) sowie auch ARD-Chefredaktion und Programmdirektion München von den Zentralbüros der Parteien beeinflußt und über die Parteibuch-Journaille im öffentlich-rechtlichen Fernsehen geprägt – was mit verräterischer Vehemenz in Abrede gestellt wird.

Burdas Nachrichtenmagazin *Focus* hat am 10. Mai 1994 unter der Zeile *Wir dackeln für Rau* das »Netzwerk der Genossen« im WDR analysiert. Dabei kam heraus, daß beispielsweise zu den Medienberatern des NRW-Ministerpräsidenten und SPD-Vizes Rau der kürzlich pensionierte WDR-Hörfunkchef Manfred Jenke gehört, dann der ARD-Programmdirektor Struve und der stellvertretende WDR-Programmdirektor Schmid-Ospach – alle SPD oder offen SPD-nah. *Focus* weiter: »Vorsitzender des 39köpfigen Parteigremiums, dem mit Minister Wolfgang Clement und dem Landtagsabgeordneten Hans-Jürgen Büssow auch die beiden einflußreichsten Medienstrippenzieher angehören, ist, wie praktisch, WDR-Rundfunkratsvorsitzender Reinhard Grätz.« Und zum Rundfunkrat des WDR weiß *Focus*: »Im 42köpfigen Rundfunkrat, der hinter verschlossenen Türen tagt, haben die Genossen eine satte Mehrheit. Anträge von CDU, FDP und Grünen, die Sitzungen nach dem Vorbild anderer Anstalten öffentlich abzuhalten... schmetterte die SPD-Connection bisher regelmäßig ab.« Die CDU-Landtagsabgeordnete Renate Möhrmann: »Wie in einem totalitären Staat.«

Wie das Totalitäre funktioniert, demonstrierte *Focus* mit diesem Absatz: »Den durch gewogene Berichterstattung verwöhnten Sozis ging die frech-flotte Machart des Landesmagazins *Westpol* entschieden zu weit. Als die Redaktion recherchiert hatte, daß Wissenschaftsministerin Anke Brunn (SPD) ihrem Ehemann womöglich eine gutdotierte Professur zugeschanzt hatte, zogen die SPD-Rundfunkräte die Reißleine. Aus den *Westpol*-Beiträgen sei herauszuhören, nörgelte Grätz im Rundfunkrat, ›daß die redaktionellen Mitarbeiter ihr Land nicht liebten‹.« Daraufhin verfügte die WDR-Intendanz einen Stilwandel der Sendung. Der Redaktion wurde zudem ein alter Rau-Vertrauter als Kommentator und Aufpasser vor die Nase gesetzt: Horst-Werner Hartelt.

Der sagte dann: »Johannes Rau ist der Beste...«

Goebbels' Meisterstück

Das hatten sich die Verfassungsväter des öffentlich-rechtlichen Rundfunks ganz anders vorgestellt, die nach 1945 einen Neuanfang suchten, der Hörfunk und später Fernsehen aus der Bevormundung und Beeinflussung des Staats heraushalten sollte – dabei war ihnen offenbar entgangen, daß man die Länder nicht aus dem Staat dividieren kann.

Mit dem Sieg über Hitler zerfiel auch dessen *Großdeutscher Rundfunk*, ein medienpolitisches Meisterstück seines Gehilfen Goebbels, der neben dem Film den Rundfunk zum Megaphon des Satans denaturierte.

Ohne Zweifel hat dieses Propagandainstrument Hitler die Möglichkeit gegeben, weithin Information durch Irreführung zu ersetzen, seine Reden erfolgreich zu inszenieren und den Eindruck des totalen Endsieges zu vermitteln.

Natürlich gab es auch in Presse und Funk des SS-Staates, die von 1933 an brachial gleichgeschaltet wurden, viele ehrbare Journalisten – bis zuletzt. Aber was gedruckt und gesendet wurde, bestimmten allein die Partei und der von ihr besetzte Staat.

Joseph Wulf hat die Gleichschaltung von *Presse und Funk im Dritten Reich* in seinem 416-Seiten-Band nahezu perfekt dokumentiert – dieser bietet wohl das beste Quellenmaterial zur nationalsozialistischen Herrschaft über Presse und Funk im Dritten Reich. Vom sogenannten Schriftleitergesetz vom 4. Oktober 1933 bis zum Sendeverbot für Jazzmusik durch den Reichssendeleiter Hadamovsky.

Die Darstellung der Gleichschaltung der Medien in dem zugrunde gegangenen SED-Staat stand noch aus –

aber zuweilen liest sich Wulf, als hätte er auch gleich über die Zustände in der DDR geschrieben – ein ganz ähnliches Gleichnis zu Victor Klemperers legendärer *LTI*, 1946 in Dresden herausgegeben und von der SED dann schnellstens wieder verboten, da die Schilderung der Sprache des Dritten Reiches (eben *Lingua Tertii Imperii*, also *LTI*) mit ihrer Betonierung heroisierender Substantiva, Vermeidung der Verben und Überzüchtung der doppelten Genitive der Sprache der kommunistischen Funktionäre exakt entsprach: *Die Frage der organisierten Vorhut des Proletariats der kommunistischen Internationale* etcetera.

Als die Alliierten den Deutschen die Organisation eines demokratischen Rundfunks erlaubten, waren es die Verfassungsväter der Bundesrepublik, die aus den Erfahrungen der NS-Diktatur den einzig richtigen Schluß zogen, dem neuen demokratischen Rundfunk – und später auch dem Fernsehen – eine staatsferne Struktur zu geben, um jeden Einfluß des Staates auf die Rundfunkfreiheit zu verhindern. Die öffentlich-rechtliche Struktur des Rundfunks wurde geboren. Salopp gesagt, hieß das: Der Rundfunk ist erstens keine Staatssache mehr, sondern Angelegenheit der Länder. Die einzelnen Länder-Rundfunkanstalten sind souverän mit eigenem Intendanten, Programmdirektor und Chefredakteur – unterliegen aber der Kontrolle durch die demokratisch zusammengesetzten Körperschaften der Kontrollgremien wie Rundfunk- und Verwaltungsrat. In diesen Gremien sind die gesellschaftlich relevanten Organisationen und Institutionen eines Landes vertreten, die ein Anrecht darauf haben, daß ihre Interessen als demokratische Einrichtungen in den Landesrundfunkanstalten gewahrt sind. Diese Gremien gewähren die Finanzhaushalte, die ihnen von den Landesrundfunkanstalten vorgeschlagen werden, sie sagen ja oder nein zur Besetzung der Spitzenpositionen – also Intendant, Programmdirektor, Verwaltungsdirektor, Chefredakteur. Und die Gremien sind in Fällen der Programmkritik zuständig, wenn die Sender Programmkritik nicht zufriedenstellend behandeln können – oder nicht behandeln wollen.

Das System der »gesellschaftlich relevanten Institutionen« erwies sich in der Startphase des öffentlich-rechtlichen Rundfunks als durchaus sinnvoll und praktikabel. Ein neuer Staatsrundfunk wie im Dritten Reich schien damit ausgeschlossen. Er war es nicht. Was die Verfassungsväter nicht bedachten, war der Einmarsch des Staates durch die Hintertür der Parteien und Staatskanzleien der Länder. Und mit diesem Einmarsch kam die Beeinflussung der Programmfreiheit durch die Parteien – die über die Landesregierungen in die Sender kamen.

Dies ist heute so weit gediehen, daß sich die Kontrollgremien der Sender wie Staatskanzleibesetzungen lesen.

Zum Beispiel der Verwaltungsrat des ZDF, über den alle politisch gravierenden, personellen Spitzen-Entscheidungen laufen. Chef des ZDF-Verwaltungsrates ist NRW-Ministerpräsident und SPD-Spitzenpolitiker Johannes Rau, dessen Einfluß auf den WDR schon zu den unheilvollen Beeinflussungen des öffentlich-rechtlichen Rundfunks zu zählen ist – wie berichtet. Mit anderen Worten: Sowohl der WDR, größter deutscher Rundfunksender, als auch das ZDF, größter deutscher TV-Sender, sind direkt dem SPD-Einfluß zuzuordnen. – Fernseh- und Hörfunk-Chefredakteur des WDR sowie der ZDF-Chefredakteur sind SPD-Mitglieder respektive SPD-nah.

ZDF-Intendant Dieter Stolte, eher konservativ, zählt

zwar zum Unions-Freundeskreis. Im Programm, also dem, was den Zuschauer erreicht, hat er aber kaum Einfluß. Wie auch der liberale Friedrich Nowottny – und alle anderen Intendanten – ist Stolte ein besserer Frühstücksdirektor, der fromme Reden hält, gewundene Erklärungen abgibt und die *Tage der Fernsehkritik* eröffnet, bei denen er alljährlich die bestellten Hofsänger von Mainz versammelt.

Fernseh-, Rundfunk- und Verwaltungsräte, kurz Gremien, sind Ansammlungen von Politikern und Funktionären. Die Besetzungen lesen sich als Liste der Staatssekretäre, Generalsekretäre, Gewerkschaftsfunktionäre. Selbst die Vertreter religiöser Gemeinschaften oder sozialer Belange sind in der Regel Parteimitglieder.

Der Kampf um die Köpfe

Die Fernseh- und Rundfunkräte haben, vereinfacht gesagt, die Aufgabe, Objektivität und Ausgewogenheit des Programms zu gewährleisten, Programmbeschwerden nachzugehen und dafür Sorge zu tragen, daß sich in Funk und Fernsehen nichts Parteiliches, Interessenvernetztes und sonstwie von den demokratischen Leitlinien des öffentlich-rechtlichen Prinzips Abweichendes ereignet.

Nur: Die Fernseh- und Rundfunkräte, in der Regel Multifunktionäre, die von Sitzung zu Sitzung eilen, von Jet zu Jet düsen und auf Kongressen und sonstigen Dauer-Treffs verbraucht werden, diese Gremienmitglieder zählen zu den Wenigfernsehern. Zahllose Untersuchungen und Bekenntnisse offenbaren, daß Fernsehräte – wie auch die Intendanten der Sender – kaum zum Fernsehen kommen.

Bei Programmbeschwerden müssen den Gremienmitgliedern in nahezu allen Fällen die inkriminierten Beiträge erst nach der Sendung vorgeführt werden.

Die reisende Tagungskaste der Gremlins und Intendanten ist aber nicht nur über das Medium, über das sie entscheidend mitzuverfügen haben, nicht orientiert, sie hat es überdies geschehen lassen, daß sich in nahezu allen Funkhäusern des öffentlich-rechtlichen Mediums die Redakteursbasis verselbständigen und der Gremienkontrolle mit Hilfe der allmächtigen IG Medien entziehen konnte.

Manfred Wilke und Gundolf Otto haben schon 1986 in ihrem Standardwerk *Der Kampf um die Köpfe* diesen Prozeß der Mobilisierung der Redakteursbasis, die ja allein das Programm macht, analysiert. Nicht was in den Gremien entschieden – besser: nicht entschieden – wird, macht das Fernsehen aus, sondern das, was an den Redakteurs-Schreibtischen geschrieben und in den Studios gesprochen oder gefilmt wird.

Die bewußtseinsbildende Schlüsselrolle der IG Medien und ihres mächtigen Chefs Detlev Hensche kann gar nicht hoch genug eingeschätzt werden. Die »Redakteurssowjets«, die sich als Ausschüsse bezeichnen, sind allgewaltig in den Rundfunkhäusern, geben den politisch-aktiven Ton an, kontrollieren das Programmgeschehen und werden ihrerseits von der IG Medien motiviert, mobilisiert und natürlich auch streng kontrolliert. Wilke und Otto zitieren einen Insider: »Die Redakteursausschüsse, zum Teil legalisiert durch Anbindung an die Personalräte oder durch Beteiligungsordnungen, zum Teil noch nicht legalisiert, sind in der Zwischenzeit ein Machtfaktor in den Rundfunkanstalten geworden, wenn die zur Personaleinstellung Befugten nichts von der parteipolitischen oder ideologischen Eingruppierung eines neu Einzustellenden wissen oder auch nicht wissen wollen, die Redakteursausschüsse haben in der Zwischenzeit ein glänzend funktionierendes Informationssystem, und da sie meistens gut mit den Personalräten zusammenarbeiten, wird so mancher abgeblockt, den sie selbstherrlich zu den Konservativen und Rechten zählen.«

Im November 1983 schufen die Redakteursausschüsse der öffentlich-rechtlichen Sender eine Arbeitsgemeinschaft der Redakteursausschüsse, die sogenannte AGRA. Das Programm dieses Obersten Redakteurssowjets, gegründet, wie so vieles, vom WDR-Redakteursausschuß, liest sich wie ein Blatt aus einem alten marxistischen Abrißkalender:

»Ständiger Informationsaustausch (sprich: Netzwerk-Verbund) unter den Ausschüssen, insbesondere über

Konfliktfälle in Programm-Angelegenheiten

Einschränkung der Programmfreiheit (Freiheit für ihre Propaganda)

Druck von Interessen auf Programm oder Programmmitarbeiter (Freie Fahrt für Agitprop)

Gemeinsame Stellungnahmen (Unterschriften-Kartell)

Für alle Anstalten wichtige Programmkonflikte (sprich: Wer im Weg steht, wird denunziert)

Eingriffe in die Pressefreiheit (sprich: Freie Fahrt auf der linken Seite)

Allgemeine medienpolitische Entwicklungen (sprich: Verhinderung privater Sender)

Aktivitäten zum Schutz der Rundfunkfreiheit zu koordinieren« (also: nichtlinke Programme und private Sender verhindern).

Die Ziele der AGRA sind dann in die politische Programmatik der RFFU eingeflossen – und dann unter dem

Dach der IG Medien integriert worden. Deren Grundpositionen sind austauschbar mit denen der Redakteursausschüsse. Die RFFU lehnte ebenso entschieden die Verkabelung der Bundesrepublik wie die Einführung von Pay-TV (es sei denn, sie betreiben dies wie einst *Vox*). Grundsätzlich tritt die RFFU ein »für Mitbestimmung in allen Medienunternehmen, für die gesellschaftliche Kontrolle *(sprich: das Sowjetprinzip)* aller Massenmedien, für den Betrieb von Hörfunk und Fernsehen in öffentlich-rechtlicher Form *(weil hier vor Markt, Wettbewerb und Leistung geschützt)* sowie für die Unabhängigkeit des Rundfunks vor kommerziellen Interessen, von einzelnen Gruppen und dem Staat.»Information ist keine Ware« – so RFFU.

Sender müssen (müssen!) ein »kritisches Bewußtsein« fördern (Willi Bredel: Das Herz schlägt links).

»Das Programm soll den Bürgern in ihrem Streben nach Selbstbestimmung dienen.« (Basisdemokratie grüßt, Rundfunk für alle – von allen).

Wilke und Otto fassen den Katalog von Redakteursowjet und RFFU treffend zusammen: »Umfassende Mitbestimmung der Journalisten im Sender, Verpflichtung des Programmauftrags von Hörfunk und Fernsehen, ›kritisches Bewußtsein‹ zu fördern und die generelle Forderung nach ›gesellschaftlicher Kontrolle aller Massenmedien‹, was die Ablehnung privater Rundfunk- und Fernsehsender beinhaltet, all dies legitimiert die RFFU im Namen eines ›kritischen Journlismus‹.«

Was darunter zu verstehen ist, hat Detlev Hensche oft genug in Vorträgen und Schriften ebenso wie Eckhart Spoo hinterlegt – der Wilke-Otto-Band listet diese Literatur akribisch im Anhang auf. Hensche: »Die Pressefreiheit, vor mehr als 100 Jahren gegen den feudalen Obrigkeitsstaat erkämpft, haben sich private Unternehmer, genannt Verleger, angeeignet.«

Diese Verleger, so Hensche, werden aber . . . »ihre Produktionsmittel und ihren Betrieb« – (O-Ton Karl Marx, Kapital Band drei) – »nicht in den Dienst proletarischer Aufklärung stellen.«

Läse man es nicht, glaubte man es nicht – die SED ließ grüßen. Diese ließ in der Tat jahrzehntelang nicht nur grüßen, sondern beeinflußte massiv die ideologischen Grundvorstellungen der IG Medien und ihrer Vorgängerorganisationen, zuweilen so nachhaltig, daß die ideologische Deckungsgleichheit selbst sozialdemokratische Funktionäre verschreckte.

Manfred Wilke (übrigens selbst auch Sozialdemokrat) hat in Fortführung seines Buches *Der Kampf um die Köpfe* gemeinsam mit Hans-Hermann Hertle den Dokumenten-Band *Das Genossen-Kartell – Die SED und die IG Druck und Papier/IG Medien* zusammengestellt, Dokumente, die auf ebenso erhellende wie erschütternde Weise die Verstrickung des Genossen-Kartells offenbaren – und zudem dokumentieren, wie weitgehend die ideologischen Vorstellungen im SED-Politbüro mit den Thesen der IG-Funktionäre Erwin Ferlemann und Detlev Hensche übereinstimmten.

Koop zwischen IG und SED

Die Vernetzung zwischen SED und IG Druck und Papier/IG Medien beschränkte sich aber keineswegs auf die marxistisch-leninistische Ideologie des Klassenkampfes, sondern realisierte sich auch in aktionistischen und organisatorischen Kooperationen – die beiden Autoren legen auf einer 450-Seiten-Strecke 65 Dokumente im Originalton vor, die jeden Zweifel über die materiellen, monetären und moralischen Gemeinsamkeiten zwischen SED und IG Druck und Papier im Nu verfliegen lassen.

Ein Band Pflichtlektüre über jene Gewerkschafter, die die BRD am liebsten zu einer DDR-West gemacht hätten, die konsequent bis zur letzten möglichen Minute gegen die Einheit waren – bis sie dann die nicht mehr verhinderbare Einheit des Landes nach deren Vollzug von innen her desavouierten, indem sie die ostdeutschen Arbeitnehmer gegen Bonn zu mobilisieren versuchten.

Und natürlich sind auch Verbündete nach der Wende geblieben. Etwa jene marxistisch umgetriebenen Ideologen, die – im weltanschaulichen Einvernehmen etwa mit Hensche & Co. – die Demokratisierung der Medien im ehemaligen SED-Machtbereich als »Kolonialisierung« verzerren möchten.

Zu den Quasi-Verbündeten der IG Medien waren schon immer gewisse Kader der evangelischen Publizistik zu zählen – also *epd* und *medium*. So ist im Heft 2/94 von *medium*, herausgegeben vom *Gemeinschaftswerk der Evangelischen Publizistik* in Frankfurt am Main, aus der Feder von Horst Holzer zu lesen: »Leider – das hat inzwischen auch das Publikum in den neuen Ländern heftig verspüren müssen – war bei der Umpolung nicht zu vermeiden, die DDR-Medien in einen marktwirtschaftlich-unternehmerischen Kontext einzugemeinden, der einen materiell-demokratischen Umgang mit Presse, Hörfunk und Fernsehen nicht zuläßt, sondern diese partikularen Interessen verfügbar macht und damit den Kriterien Profit, Herrschaft und verkaufsfördernder Manipulation überantwortet.« Auch dies noch ist die alte neue SED-Doktrin, die deckungsgleich mit der Ideologie der IG

Medien scheint: »Das ostdeutsche Publikum ist in die Hände derer übergegangen, die es aus schlicht kapitalökonomischen Gründen nicht anders denn als ›Kolonialvolk‹ behandeln können. Auch die in ARD und ZDF noch vorhandenen und in MDR und ORB schwach aktivierten Restbestände sogenannter Rundfunkfreiheit ändern daran wenig. Das heißt für das Publikum in den neuen Ländern: Presse, Hörfunk und Fernsehen (und damit das, was sie an Informations- und Unterhaltungsmöglichkeiten bieten) sind weitestgehend der Verfügung derer entzogen, die die überwiegende Mehrheit des Publikums ausmachen. Denn diese Mehrheit, die im wesentlichen aus Lohn- und Gehaltsabhängigen und ihren Familien besteht und deren Mitbestimmung über Wirtschaft und Politik selten über den Verkauf von Arbeitskraft und die Abgabe der Wahlstimme hinausgeht, gilt lediglich als der ›Adressat‹ des Programmangebots. Sie stellen den ›Massenmarkt‹ dar, an dem die ökonomischen und die diese stützenden politisch-ideologischen Funktionen vor allem von jenen realisiert werden (sollen), die den Mediensektor beherrschen – die hochkonzentrierten Verlags- und Rundfunkkonzerne einerseits, die von Staatsbürokratie, Parteienpolitik und Kapitalinteressen eingepferchten ARD/ZDF-Anstalten andererseits.«
Schöne Grüße von Charly Marx.

Papiertiger Rundfunkräte

Natürlich marschiert nicht die gesamte Belegschaft der Fernseh- und Rundfunkbetriebe geschlossen in Reih und Glied hinter Hensche: Aber wer Programm schafft, also das, was das Bewußtsein und Unterbewußtsein der Massen erreicht, den hat Hensches IG Medien voll im Griff – und die Gremien spielen dabei nur die Rolle jener, die alles posthum genehmigen, was an Realitäten durch die Redakteurssowjets geschaffen wurde. Rundfunkräte als Papiertiger der IG Medien?

Gilt dies auch für demokratisch gesonnene Rundfunkräte innerhalb aller Parteien? Sicherlich nicht. Nur: Es geht gar nicht um die demokratische Gesinnung der Rundfunkräte – eine solche wird in den meisten Fällen überhaupt nicht bestritten.

Es geht allein um die Ohnmacht der Rundfunkräte, die erstens das Metier nicht kennen, das sie zu beaufsichtigen haben, nämlich das Programm der Sender, und die, zweitens, lediglich die vollendeten Programm-Tatsachen der rotgrünen Redakteursbasis absegnen müssen, die sie auch nicht kennen, weil sie das von dieser Basis geschaffene Programm weder hören noch sehen – jedenfalls in keinem relevanten Maße hören und sehen können, um ihrer Funktion als Kontrollorgan des außer Kontrolle geratenen öffentlich-rechtlichen Systems gerecht zu werden.

Eine Untersuchung des Mediendienstes *Rundy* im Februar 1994 förderte folgende Ergebnisse zutage: Immerhin 49 von über 500 Rundfunkräten in ARD und ZDF äußerten sich – aus verständlichen Gründen anonym – über ihre Programmnutzung des Mediums Fernsehen.

25 Rundfunkräte räumten ein, pro Tag nicht mehr als eine halbe Stunde fernzusehen. Das hieße, realiter, manche Tage, wenn sie auf Konferenzen oder Reisen sind, sehen sie überhaupt kein Fernsehen, »höchstens mal Nachrichten«. Nur am Wochenende kämen sie mal zu einem Film oder zu einer Show.

12 Rundfunkräte sagten, sie kämen bestenfalls dazu, bis zu einer Stunde am Schirm zu verbringen.

8 Rundfunkräte gaben an, doch mehr als eine Stunde fernzusehen – »aber nicht wesentlich mehr«.

5 Rundfunkräte versicherten, daß sie »mindestens zwei Stunden und oft sehr viel mehr täglich fernsehen«.

Diese Befragung auf die gesamten 500 Gremienmitglieder hochgerechnet, würde ergeben, daß nicht einmal ein Zehntel der Rundfunkräte in den deutschen Sendern ihre Aufgabe als Kontrolleure des Programms ernst nehmen.

Diese Ergebnisse deuten an, daß die Kontrolle des öffentlich-rechtlichen Rundfunks, der durch die Gebührenregelung dem Wettbewerb weithin entzogen ist, de facto nicht stattfindet und daß das System der Gremien die Manipulation erlaubt – so wie die Zwangsgebühren letztlich diese Manipulation finanzieren.

Doppelte Ohnmacht der Unions-Räte

Und es geht auch um die doppelte Ohnmacht der von der Union berufenen ARD- und ZDF-Gremienmitglieder, die in der Regel das Programm ebensowenig (und oft noch weniger) kennen wie ihre sozialdemokratischen Kollegen, aber im Unterschied zu denen im luftleeren Raum operieren, sich auf keine Redakteursbasis beziehen können.

Sie erleben das Prinzip der öffentlich-rechtlichen Entmachtung als doppelte Ohnmacht. Überdies werden zunehmend machtlose Vertreter aus der Multifunktionärskaste in die ARD- und ZDF-Gremien bestellt und abgeschoben, Figuren also, die den Kampf um die substantielle Programmhoheit schon verloren hatten, ehe sie in den Rundfunkrat kamen. Die beschriebene Redakteursbasis hat diesen Kampf längst in zwei Etappen für sich entschieden:

1. mit der Realisierung von Redakteursstatuten, die der Basis ein Mitspracherecht in Programmfragen geben sollen,
2. mit der Forderung nach einer sogenannten inneren Rundfunkfreiheit.

Durch die Novelle vom 19. März 1985 zum WDR-Gesetz erhielt der WDR ein Redakteursstatut.

Diese innere Rundfunkfreiheit, also eine »grundrechtsbewehrte Kampfposition« (Bethge) gegen die Leitung des Hauses, erhielt die Redakteursbasis durch die Entscheidung des Bundesverfassungsgerichts (BVerfG) vom 5. Februar 1991.

Die Verfassungsbeschwerde der größten deutschen Zuschauervereinigung *Aktion Funk und Fernsehen* dagegen wurde schon von den öffentlich-rechtlich eingestimmten Referenten des damit befaßten BVerfG-Senats im Vorfeld als nicht zulässig abgeschmettert.

Das geschlossene System funktionierte reibungslos.

SPD-Programm statt Posten

Die vierte Gewalt hatte eine Schlacht mehr bei der Okkupation von ARD und ZDF gewonnen: Sie erkannte die politische, meinungsbildende Brisanz des Programms als das Politikum – die Union erkannte offenbar immer nur den Posten statt des Programms, das ihnen (bis auf die wenigen und weithin in ARD und ZDF isolierten und erfolgreich denunzierten Ausnahmen von Gerhard Löwenthal einst bis zu Heinz Klaus Mertes heute, der sich aus der Medienkampagne gegen ihn zu Sat 1 rettete) längst und nahezu total entglitten ist.

Was den verbliebenen und in den Anstalten regelmäßig

eingeschüchterten Redakteuren mit konservativer Auffassung im Grunde nur übrigbleibt, ist es, dem Anpassungsdruck durch besonderen Übereifer im Bekunden von nicht-konservativen oder linksliberalen Positionen zu entsprechen – auch hier nur ein Dutzend Ausnahmen wie Andreas Bönte beim Bayerischen Rundfunk oder Peter Hahne beim ZDF gegenüber einer vielhundertköpfigen Armee willfähriger Parteibuchjournalisten zur Linken.

Alle Warnungen gegen diesen BVerfG-Spruch zur inneren Rundfunkfreiheit, zu deutsch: *Mitbestimmung der Redakteurssowjets*, alle Warnungen von Franz Mai, Barsig, Bethge und Emil Obermann, also ausnahmslos Leuten, die selbst dem öffentlich-rechtlichen Establishment angehörten, wurden in den Wind geschlagen. Das Urteil des Bundesverfassungsgerichts bedeutete einen kompletten Sieg der IG Medien bei der Einrichtung des linken Medienkartells in ARD und ZDF.

Emil Obermann hat diese Entwicklung in einem denkwürdigen Interview in dem Fachblatt *Medien-Dialog* vom Oktober 1991 bestätigt. Auf die Frage, welche Wirkung die Aufsichtsgremien letztlich in ARD und ZDF haben, antwortete er: »Deren Wirkung ist gleich null. Wenn man die abschaffen würde, würde sich nichts ändern.«

Daraus ergibt sich zwingend der Umkehrschluß: Alle Macht liegt bei den Redakteuren, den Redakteursausschüssen und der IG Medien – aus dieser Ecke kommt das Programm. Der Rest ist Farce.

In ARD und ZDF wird das Programm weder von Volksvertretern noch von den so viel zitierten und gelobten »gesellschaftlich-relevanten Gruppen« und schon überhaupt nicht mehr von den vom Programm ebenso isolierten wie abgehobenen Intendanten bestimmt, sondern eben von dem rot-grün-alternativen Beziehungsgeflecht – genauer: von den durch die IG Medien beherrschten Redakteursausschüssen.

Einer von den wenigen, die es wagten, dagegen zu protestieren, war der ehemalige NDR-Rundfunkratsvorsitzende Dr. Friedel Gütt, der in einem ebenfalls denkwürdigen Interview in *Medien-Dialog* vom Mai 1991 *(Die Rundfunkräte sind zahnlose Tiger)*, das System kritisierte. Es ist ihm schlecht bekommen.

Der von der IG Medien gegen Friedel Gütt inszenierte Redakteursaufstand im NDR kostete Gütt wenig später sein Amt.

Die Zentralgewalt der IG Medien

Die vierte Gewalt wird hierzulande zentral von der IG Medien motiviert, personalisiert und kontrolliert. Frank Schirrmacher, heute *FAZ*-Herausgeber, erkannte die Herausforderung der IG Medien schon unmittelbar nach der Gründung des polit-ideologischen Gewerkschafts-Trusts 1989. Damals schrieb Schirrmacher in der *FAZ*: »Daß die neue Gewerkschaft eine intellektuelle Herausforderung ersten Ranges darstellt, scheint in der deutschen Öffentlichkeit nicht begriffen worden zu sein. Dabei ist hier eine Organisation entstanden, die jederzeit in publizistische oder künstlerische Inhalte eingreifen könnte: die darüber hinaus durch personalpolitische Entscheidungen und subtilen Gruppendruck ein Medienkartell gefügiger Meinungen aufbauen kann.«

Genau diesen subtilen Gruppendruck entwickelte die IG Medien unter dem souveränen Diktat des Dr. Hensche bis zur Perfektion und politischen Perversion. Dies wurde unter anderem möglich durch die zentralistische Organisations- und Bestimmungs-Struktur der IG Medien. Der Gewerkschaftstag, höchstes Organ der IG, legt die Richtlinien fest – tagt aber nur alle drei Jahre und wird natürlich von Hensche so vorbereitet, daß nichts aus der von ihm vorgegebenen Linie läuft. Der geschäftsführende Hauptvorstand der IG Medien – der die Zeit zwischen den drei Jahren jeweils allmächtig durch seine einsamen Exekutiven ausfüllt –, dieser Hauptvorstand besteht aus sieben Mitgliedern.

Damit im unteren Organisationsbereich der IG Medien nichts aus dem linken Ruder läuft, haben die jeweils höheren Organisationseinheiten der IG ein direktes Entscheidungsrecht bei der Arbeit der unteren Einheiten – »Machtabsicherung nach unten« nannte das Hensche.

So dürfen beispielsweise die verschiedenen Berufsfachgruppen keine Aufrufe, Resolutionen und Veranstaltungen arrangieren, um zu politischen oder gesellschaftlichen Themen ihre Meinung zu sagen.

Dies ist nur den geschäftsführenden Landesbezirksvorständen und dem Hauptvorstand vorbehalten. Nur der darf sich zu Themen äußern, die über den Bereich der Berufsgruppen hinausgehen – eine Organisationsform, die an den sogenannten *demokratischen Zentralismus* marxistisch-leninistischer Organisationen erinnert, der bekanntlich die Züge einer »Organisationsdiktatur« (A. Jonas) trägt.

Mit dieser Organisationsdiktatur herrscht der auch nach der Wende uneinsichtige Marxist Hensche nahezu ungehemmt über die 183 000 Mitglieder seiner Gewerkschaft. 60 Prozent der als Betriebsratsmitglieder gewählten Journalisten stellt die IG Medien, 70 Prozent aller Beschäftigten in ARD und ZDF sind in der IG Medien.

Nichts beschreibt die Ohnmacht der Rundfunkräte und die Macht der Redakteursbasis mehr als diese Zahlen-Proportion: 500 Rundfunkräte gegen 183 000 IG-Medien-Mitglieder. Dieses Gebäude aus gewährenlassenden, ohnmächtigen, programmunkundigen, nicht tätig werdenden und von der Redakteursbasis total isolierten Gremienmitgliedern in ARD und ZDF auf der einen Seite und der aktiv zupackenden, zentral organisierten und straff ideologisch ausgerichteten IG Medien auf der anderen Seite wird nur durch eine einzige Klammer zusammengehalten: die Zwangsgebühren. Die Gebühren sind die Gretchenfrage des linken Medienkartells in ARD und ZDF – fallen sie weg, stürzt das elektronische Medienkartell bedeutungslos in sich zusammen.

Durch den Rückgang der Werbeeinnahmen wird die Rundfunkgebühr immer wichtiger: 1988 finanzierten sich ARD und ZDF zu 65,2 Prozent aus Gebühren (21,2 Prozent Werbung). 1994 müssen sich ARD und ZDF zu 70,2 Prozent aus den Gebühren (16,6 Prozent Werbung) finanzieren. Daher grassiert die Angst vor einer Initiative der Kommission der EU quer durch die Anstalten von Mainz bis München. Die Werbeeinnahmen von ARD und ZDF werden bis 1998 nahezu bedeutungslos, die Gebühren können nicht über die Schmerzgrenze von 40 Mark erhöht werden. Werbeminus und Gebührengrenze lassen erkennen: Der aufgeblähte Finanzbedarf für über 30 000 Festangestellte kann nicht gedeckt werden. Ein Stopp der Gebühren durch Brüssel würde die ARD wie die DDR implodieren lassen – dem ZDF bliebe nur die Kooperation mit privaten Sendern wie Sat 1, das sich für die Übernahme dieser elektronischen Altlast natürlich bedanken würde.

Wie auch immer: Der Druck zur Sparsamkeit und der

Drang zu mehr Werbeattraktivität (und der angestrebte, aber sinnlose Fall der diversen Werbegrenzen nach 20 Uhr sowie sonn- und feiertags) zwingt das ARD- und ZDF-Gebührenmonopol zu mehr Zuschauernähe.

Mehr Zuschauernähe heißt weniger Zerrbilder, Information statt Ideologie, Unterhaltung statt Unterwanderung, Show statt Schulung, Kurzweil statt Langeweile, Reportagen statt Reden.

Mehr Zuschauernähe heißt mehr Einschaltquoten.

Mehr Einschaltquoten bedeuten mehr Werbung – und damit mehr Werbe-Inkasso.

Nur: Das Monopol ist bis zur Unbeweglichkeit personell überfrachtet, technisch überladen und politisch unterlaufen.

Es hätte nur dann – eine durchaus begrüßenswerte – Zukunft, wenn es sich neben der Zuschauernähe und Partei- wie IG-Medien-Ferne programmkundige und programmbezogene Kontrollgremien schaffen würde.

Ein öffentlich-rechtliches Fernsehen mit kulturellem Anspruch und Grundversorgungsgarantie ist wünschenswert – aber das bestehende System wird es nicht schaffen, sich aus dem Würgegriff von Parteien, IG Medien und der herrschenden rotgrünen Redakteursbasis selbst zu befreien.

ARD und ZDF werden durch den Zuschauer, der sich dem Monopol beider Systeme über Jahrzehnte ausgesetzt sah, via Einschaltquote abgewählt: Die privaten Sender haben ARD und ZDF längst überholt, RTL ist längst No 1.

Die alten politischen Seilschaften in ARD und ZDF, von Parteien ferngelenkt und vom *Spiegel* ideologisch motiviert, zerbröseln. ARD und ZDF fallen zunehmend als Bastionen des linken Medienkartells aus. Vielleicht liegt darin ihre Chance. Ich glaube es nicht.

Sechstes Kapitel
Endzeit für Kampagneros

Stell dir vor es ist Montag, und keiner liest den *Spiegel*

»Die ständigen Entmündigungs-Versuche, die das linke Medienkartell unter Stabführung des Spiegels *und Mithilfe des ARD- und ZDF-Gebührenmonopols unternimmt, quittiert der Bürger mit Abschaltung von ARD und ZDF und Änderung seiner Lesegewohnheiten. Nichts hat das mehr bewiesen als der völlig unerwartete Erfolg von Focus.«*

Armin Wagner

Genauso wie der dramatische Milliardenrückgang der Werbeeinnahmen den Verfall des ARD & ZDF-Gebühren-Konzerns bewirkt, hat nun *Focus* in einem atemberaubenden Parforceritt die Alleinherrschaft des *Spiegel* beendet – was dessen politische wie ideologische Klientel zur Linken im Lande nicht wahrhaben wollte, aber endlich doch zähneknirschend zur Kenntnis nehmen mußte.

Kaum hatte sich Burdas Nachrichtenmagazin *Focus* unter dem ebenso gezielten wie ferngelenkten Gelächter des linken Netzwerkes am Printmedienmarkt sicher positioniert – zwei Monate nach dem Start Ende Januar 1993 war das bereits klar –, brach Unruhe unter den Blattmachern aus.

Aber auch in den Chefetagen der öffentlich-rechtlichen Sender umtrieb es Strategen und Taktiker des Ideologiekonzerns, die sich – gemeinsam mit *Spiegel, Stern, SZ, FR, Taz, Woche, Wochenpost, Freitag, Zeit* – um ihren Alleinvertretungsanspruch in der deutschen Medienmanipulation und Meinungsmache gebracht sahen.

Für die konzertierte Aktion des linken Manipulationskartells, Burdas Magazin *Focus* als publizistische Fehlgeburt zu verhöhnen und dann der organisierten Lächerlichkeit preiszugeben, für diese ganz unhanseatische Verfahrensweise, einen Konkurrenten schlechtzumachen, steht exemplarisch ein Pamphlet, das *Die Zeit* (!) (am 26. März 1993) sich zu veröffentlichen keineswegs scheute. Denn: Die *Zeit*-Plotte stammt aus der Feder des ehemaligen *Spiegel*-Geschäftsführers Adolf Theobald: *Das Dingsbums der Elite*. In diesem Stück dilettiert der *Spiegel*-Mann a. D. damit, *Focus* mit feuilletonistischem Gefloskel als indiskutables Illustriertenstück abzuqualifizieren – ganz so, wie schon ein Jahr zuvor das spiegelverbundene *manager magazin (Zitterpartie)* die unbequeme Verlegerkonkurrenz unter der Gürtellinie abtun wollte: »Getrieben von ungezügeltem Geltungsdrang, will Verleger Hubert Burda aller Welt seine unternehmerische Potenz beweisen.« Auf diesem Null-Niveau mühte sich Theobald in der *Zeit* damit ab, dem »Schwarzwald-Springer« Hubert Burda das Können abzusprechen, ausgerechnet ein Nachrichtenmagazin mit Erfolg herauszubringen.

Und dies, ausgerechnet, von diesem Außenseiter, dem man allenfalls ein buntes Bilderblattmachen zugetraut hatte. Tatsächlich aber hatten Hubert Burda und Helmut Markwort mit *Focus* ein Projekt gestartet, das den Medienmarkt hierzulande gründlich ändern sollte.

Focus-Einstieg als *Spiegel*-Ausstieg

Focus traf – sicherlich erhofft, aber in diesem Ausmaß unvermutet – auf ein Publikum, welches der *Spiegel* einerseits nie gefunden hatte und zum anderen Teil auf eine Leserschaft, die sich durch den permanenten Ideologietransfer im Infokostüm des *Spiegel* so hinreichend ermüdet sah, daß es zum *Spiegel*-Aus- oder *Focus*-Umstieg bereit war – ganz abgesehen von jener Info-Elite, die fortan montags zwei Newsmagazine lesen muß.

Die *Focus*-Strategen um Markwort und Burda machten sehr schnell die Erfahrung, daß *Focus* vor allem bei dem jungen, technophilen und karrieretüchtigen Typus ankommt. Selbst gestandene *Spiegel*-Redakteure, ewig geprägt von 1968, räumten offen und öffentlich ein, daß ihre Kinder, die den *Spiegel* immer zur Seite legten, plötzlich *Focus* lesen. In der Studie der Arbeitsgemeinschaft Medienanalyse, Juni 1994, wird festgestellt, daß *Focus* 3,3 Millionen regelmäßige Leser an sich binden konnte, davon 33 Prozent unter 30 Jahren – der jüngste Blattitel in diesem Marktsegment. Offensichtlich ein Beleg dafür, daß *Focus* eine bislang brachliegende Leserschaft, die bei *Focus* übrigens zu 70 Prozent aus Männern und 30 Prozent aus Frauen besteht, erreicht.

Linke Ideologen, etwa in Hessen, hatten schon früh erkannt, daß sich Bildung gegen Ideologie sperrt. Mit Gesamtschulprojekten, die das gegliederte Schulsystem unterlaufen sollen, wird das Niveau der Schüler systematisch gesenkt. Hans-Jörg Schmidt hat am 13. Juni 1994 in der *FAZ* angemerkt: »In den letzten beiden Jahren habe ich ein wenig Bilanz geführt über die Studenten (hier: Fachbereich Medizin), die im chemischen Praktikum die meisten Schwierigkeiten hatten. Es handelt sich fast ausnahmslos um Gesamtschüler und Besucher verwandter Schulformen. Auf die Frage, warum ihre Kenntnisse so dürftig seien, bekam ich oft die Antwort, daß ›lebensbezogenes Lernen‹ wichtiger sei als das Erlernen von Fakten in bezug auf Mathematik/Naturwissenschaften. So waren die meisten elementaren Kenntnisse, wie zum Beispiel Dreisatz, Logarithmus, Kopfrechnen, Licht- und Schallgeschwindigkeit häufig nicht und die Fähigkeit, sich in Problemstellungen einzudenken, nur rudimentär vorhanden, von analytischem Denken ganz zu schweigen.«

Genau aber aus dieser Gesamtschüler-Misere wird der Stoff gemacht, der das linke Medienkartell bislang ebenso ernährte wie die zumeist weltanschaulich geprägte Generation der 68er.

Während der *Spiegel* und die überkommenen politischen Beeinflussungsmedien von *Zeit* bis zu *Stern*, *Tagesthemen* mitsamt den in der Wolle gefärbten TV-Magazinen – *Panorama, Monitor, Kennzeichen D* – vor allem die traditionelle politische Klasse, *Antifa-Veteranen* und *68er-Romantiker*, SPD-Elite und die ihr angeschlossenen Bevölkerungsschichten und deren Multiplikatoren ansprechen, also jene Kaste, die den Zeitgeist im Lande bislang vorgab, kam in Burdas *Focus*-Strategie dieser über Jahrzehnte gewachsene Polit-Clan aus Ideologismen mit Softmarxomanie und Salonsozialismus überhaupt nicht vor. *Focus* hat sich offensichtlich gezielt jene junge Generation gesucht, die auf technologisch-wissenschaftliche, also entideologisierte Weise pragmatisch auf Tatsachen ausgerichtet ist: Diese Leserschaft belieferte *Focus* vom ersten Tag an mit einer Fülle von Fakten in allen Facetten – ohne sich dabei brüsk von jener Nachkriegsgeneration des typischen *Spiegel*-Lesers abzuwenden.

Auch wenn sich dieser exemplarische *Spiegel*-Fan zunächst ob der Fülle an farbigen Tabellarien und illustren Bildstrecken, ob der Kürze und pragmatischen Präganz der *Focus*-Berichte eher abgewiesen und verstört fühlte, so verfehlt das *Focus*-Rezept auch diesen klassischen *Spiegel*-Konsumenten nicht. *Focus* wird ihn über kurz oder lang zumindest als zeitweiligen Leser finden – mit dem Effekt »daß selbst eingefleischte *Spiegel*-Freaks Lust und Laune beim Lesen von *Focus* entwickeln« – so ein *Spiegel*-Redakteur, der Leserbriefe an Augsteins Magazin-Adresse auswertet, die zunehmend auf *Focus* als Alternative hinweisen (und aus verständlichem Grund ungenannt bleiben möchte).

Dem traditionellen Magazinkonsumenten bleibt in *Focus* nicht nur eine überschaubare Menge von Anknüpfungspunkten des überkommenen Nachrichtenmagazins à la *Spiegel* – nur eben farbiger, illustrer, kompakter und konsequent auf Info statt Ideologie realisiert, indessen beim *Spiegel* die ideologische Ausdeutung der gelieferten Tatsachenstrecke Usus ist.

Mittlerweile erkennen nahezu alle Medienmacher auch zur Linken an, daß Burdas Nachrichtenmagazin das News-Aufkommen einer Woche ebenso komplett aufarbeitet und darstellt wie der *Spiegel* – und dies ohne Häme, Kampagnen und ideologisch ausgetretene Politspur. In einigen Bereichen – zum Beispiel über Medien, Technik und Wissenschaft – berichtet *Focus* längst umfangreicher und oft besser und schneller.

Nach einem Jahr *Focus* steht fest: Das Blatt hat sofort 500 000 Käufer gefunden, also 3,3 Millionen Leser, die in *Focus* schnell, kompakt und zuverlässig informiert werden. Top-Interviews, früher so was wie ein Monopol des *Spiegel*, sind nun vorzugsweise in *Focus* zu finden: zunehmend präziser und aktueller als im *Spiegel*.

Auch das letzte *Spiegel*-Monopol, die legendäre Schreibe der Augstein-Zöglinge, zerbröckelt:

Die von Helmut Markwort journalistisch-pragmatisch (und nicht ideologisch) trainierten Federn des Burda-Blatts haben einen ebenso gewitzten wie vor allem zutreffenden Stil gefunden, der ohne die verbalen Zynismen der *Spiegel*-Verrißtechnik den Leser erreicht. Markworts Blattphilosophie setzt auf *Focus* als Newsmagazin gegen den *Spiegel* als Meinungsmagazin, setzt auf Burda-konstruktiv statt Augstein-destruktiv. In den ersten repräsentativen Leseranalysen zeigte sich, daß der *Focus*-Leser jünger ist.

76 Prozent der männlichen Leser sind unter 39.

86 Prozent der *Focus*-Leser verdienen mehr als 3000 DM im Monat.

79 Prozent haben eine weiterführende Schule absolviert.

Focus-Leser sind also jung, überwiegend männlich, gebildet und verfügen über ein hohes Einkommen.

Von der Leserschaft lesen 47 Prozent exklusiv *Focus*, 23 Prozent *Focus, Spiegel, Stern*, 23 Prozent *Focus* und *Stern*, und 15 Prozent *Spiegel* und *Focus*.

Allensbach testete 1993 das Heft vom 19. April 1993 von *Spiegel* und *Focus*. Befragt wurden 697 Personen: 372 *Focus*-Leser und 325 *Spiegel*-Leser. Die Leser hatten *Spiegel* respektive *Focus* gelesen, ohne zu wissen, daß sie anschließend von Allensbach dazu befragt wurden. Alle 697 Befragten hatten *Focus* oder *Spiegel* von sich aus gekauft. Befragungszeitraum vom 21. bis 24. April 1993. Allensbach förderte dabei eine Anzahl bemerkenswerter Verhaltensweisen und Urteile der *Spiegel*- und *Focus*-Leser zutage:

Von den 105 *Focus*-Textbeiträgen wurden 33 Prozent

ganz gelesen, von den 94 *Spiegel*-Textbeiträgen wurden 30 Prozent ganz gelesen. 78 Prozent der *Focus*-Beiträge seien lesenswert gewesen, 81 Prozent der *Spiegel*-Artikel.

Mit der optischen (farbigen) Gestaltung waren die Leser von *Focus* zufriedener als die *Spiegel*-Leser – vor allem bei der Qualität der Fotos, Grafiken und dem äußeren Erscheinungsbild. – Burdas Farbe erweist sich als Augsteins Blässe.

Daß der Markt für Newsmagazine offenbar größer ist als angenommen, räumten die Befragten durchweg ein – *Focus* zehrt also nicht an der *Spiegel*-Stammleserschaft, sondern hat vor allem neue Leserbereiche erschlossen.

Als *Spiegel*-müde betrachteten sich rund ein Fünftel der befragten *Focus*-Leser.

Die Frage dazu lautete in der Allensbach-Analyse: »Jemand hat die Leserschaft von *Focus* beschrieben als *Spiegel*-Leser, *Spiegel*-Müde, *Spiegel*-Gegner, paßt eine dieser Beschreibungen auf Sie?«

21 Prozent der befragten *Focus*-Leser erklärten sich als *Spiegel*-Müde, acht Prozent als *Spiegel*-Gegner.

Auch die übrigen Ergebnisse der zitierten Allensbach-Untersuchung widerlegen die von interessierter Seite geschürten Desinformationen und Vorurteile. So sind die Informationsinteressen bei *Spiegel*- und *Focus*-Lesern in etwa gleich. Die zum Beispiel vorsorglich verbreitete Denunziation, *Focus* spreche wegen des hohen Anteils an Illustrationen und Fotos weniger gebildete und anspruchsvolle Schichten an, ist widerlegt. 40 Prozent der *Focus*-Leser orientieren sich an mehreren Zeitungen und Zeitschriften (*Spiegel*-Leser: 38 Prozent). 18 Prozent der *Focus*-Leser sehen fern, *Spiegel*-Leser zu 17 Prozent.

Kurz: Der in der *Taz* vom 16. Januar 1993 gezielt vor dem Start von *Focus* plazierte Artikel prophezeite, daß

Focus für den *Spiegel* »inhaltlich keine Konkurrenz bedeute«, da bei *Focus* »achtzig schlechte Leute gegen 400 erstklassige *Spiegel*-Mitarbeiter« stünden. Diese Prognose wurde so drastisch widerlegt, daß die *Taz* zwei Monate später die eigene Miesmache korrigierte: »*Focus* gelingt, was der *Spiegel* bisher nicht geschafft hat: Verkaufserfolge im Osten und, besonders ärgerlich, bei jungen Lesern... Der potentielle *Spiegel*-Nachwuchs... könnte sich an das bunte Münchner Magazin gewöhnen und... auf einen altersbedingten Sprung zum leicht angestaubten Augstein-Blatt verzichten.« (*Taz* 29. 3. 1993).

Der anfänglichen Verhöhnung des Burda-Blatts folgte die unausweichliche Anerkennung der Tatsachen.

The New York Times schreibt am 22. Februar 1993, daß »viele jüngere Deutsche müde sind von den gedankenlosen Vorhersagungen der höchst politisierenden traditionellen Wochenzeitschriften. Ebenso langweilig finden sie die Art, wie *Zeit* und *Spiegel* aussehen.« Weiter *New York Times*: »*Focus* ähnelt dagegen *Time* und *Newsweek* in Format und Schreibstil. Seine Farbfotos und Computer-Grafiken stehen in einem krassen Kontrast zum grauen Aussehen des *Spiegel*.«

Selbst im *Spiegel* beginnt sich die Erkenntnis durchzusetzen, daß es *Focus* gelungen ist, sich am Markt zu plazieren und dem Monopol des *Spiegel* ein Ende zu machen. Der *Spiegel*-Chefredakteur Kilz äußert sich zurückhaltend, aber schon viel vorsichtiger über die Konkurrenz von *Focus*. Kilz räumt ein, daß der *Spiegel* etwas farbiger werden müsse. Nur Rudolf Augstein meint, daß ihn *Focus* nicht interessiere.

Um so mehr interessiert ist die werbende Branche an der neuen Situation.

Und genau auf dem Feld der Anzeigen – wo bislang die

Dukatenesel des *Spiegel* satt weideten – bewirkte *Focus* eine nahezu katastrophale Entwicklung beim *Spiegel*: Insgesamt verlor der *Spiegel* im ersten *Focus*-Jahr, also 1993, mehr als eintausend Anzeigenseiten (genau: 1023,6).

Und in den ersten 22 Wochen 1994 verlor der *Spiegel* erneut 38,3 Anzeigenseiten gegenüber dem Vergleichszeitraum 1993 – ein Minus von 14,4 Prozent, indessen *Focus* sein Anzeigenvolumen in den ersten 22 Wochen 1994 nahezu verdoppelte: Der Seitenzuwachs liegt bei 1126,3 Seiten – ein Plus von 98,8 Prozent.

Nach dem *Focus*-Start am 18. Januar 1993 blieb die verkaufte Auflage des *Spiegel* konstant, obschon das Blatt im Herbst 1992 seinen Copypreis von vier auf fünf Mark erhöht hatte. Nach dem *Spiegel*-Anzeigeneinbruch, der vom *Focus*-Start weg zu spüren war (Symptom für die Akzeptanz-Feinmotorik der werbenden Branche), verzögerte sich der Rückgang beim Verkauf von *Spiegel*-Stücken bis Ende 1993. Wenn das vierte Quartal 1992 mit dem von 1993 verglichen wird, verlor der *Spiegel* rund 120 000 Käufer, davon 110 000 im Einzelhandel – also am Kiosk. Der Kiosk-Verkauf aber zeigt einen dem eher beharrenden Abonnement vorauseilenden Trend an: Der Käufer hat offenbar die Neuartigkeit von *Focus* schon am Kiosk ausgemacht und reagierte sofort, während der Abonnent erfahrungsgemäß gut ein, zwei Jahre braucht, um sich von der alten Gewohnheit zu trennen – oder sie etwa durch ein zweites Abonnement, in diesem Falle *Focus*, zu ergänzen.

Der Abwärtstrend des *Spiegel* setzte sich auch im ersten Quartal 1994 fort. In diesem Zeitraum hatte der *Spiegel* – verglichen mit 1993 und 1992 – rund 100 000 Käufer weniger – sämtlich im Einzelverkauf. Die *Focus*-Auflage ist indessen in diesem Zeitraum kontinuierlich steigend:

Im dritten Quartal 1993 verkaufte *Focus* 477 907 Stück (davon 356 153 im Einzelverkauf).
Im ersten Quartal 1994 verkaufte *Focus* 560 464 (379 740 im Einzelverkauf).

Ende eines Monopols

Das Monopol des *Spiegel* wurde nach über fünfzig Anläufen professioneller Verleger und Amateur-Zeitungsmacher nun durch Hubert Burda gebrochen.

Die Hauptstütze des linken Medienkartells ist ins Wanken geraten – niemand hatte das für möglich gehalten.

Sicherlich hat dabei die Implosion der Sowjetdiktatur und ihrer europäischen Vasallenstaaten eine Hintergrundrolle gespielt, da mit dem Wegfall des Kommunismus die Attraktivität des Sozialismus und linker Ideologien dahin sein dürfte –, auch wenn – letztlich vergebliche – Zuckungen der sozialistischen Ideologien immer noch vorkommen.

Dem Gelingen des *Focus*-Coups voran ging – neben einem vom *Spiegel* und anderen Blättern offenbar unbemerkten Generationswechsel – ein Umdenken des Medien-Bürgers vor allem nach der Wende. Das Ende des Kalten Krieges wird langfristig ein Ende des Links-Rechts-Denkens nach sich ziehen – wenn auch die Zuckungen dieses alten Gegensatzes etwas anderes zu suggerieren scheinen. Aber mit dem Wegfall Moskaus als moralischer und monetärer Geschäftsgrundlage der militanten Linken – sicherlich nicht nur dieser – wird auch auf längere Sicht der antagonistische, also sich gegenseitig ausschließende Rechts-Links-Gegensatz verfallen.

Dieses Umdenken des Medienbürgers wurde aber auch

verursacht durch den nahezu totalen Ausschluß des lesenden und zuschauenden Bürgers aus der Meinungsbildung der Medien – allen voran durch ARD und ZDF, die dem mündigen Bürger den Zutritt zum Medium Fernsehen versperren. Während die Printmedien zusammengerechnet immerhin täglich nahezu fünftausend Leserbriefe abdrucken, sind die Fernsehbürger vom elektronischen Gebühren-Medium so gut wie gänzlich ausgesperrt – ihre Proteste, Kritiken, Vorschläge werden pauschal durch die Maschinerie in ARD und ZDF abgewimmelt. Der Zuschauer erscheint so gut wie nirgendwo als kritischer Rezipient des Mediums im Medium.

Natürlich wählen die gedruckten Medien – mit rühmlichen Ausnahmen – aus der Leserpost die dem Blatt genehmen aus und heften die dem Verlag oder der Chefredaktion nicht genehmen Zuschriften ungedruckt ab. Die meisten Leserbriefe fallen allerdings sich selbst zum Opfer, weil sie viel zu lang sind und sich die Leserbriefredaktionen in aller Regel für die kürzesten Briefe zum Abdruck entscheiden.

Natürlich hat der Leser keine rechtlichen Möglichkeiten, den Abdruck seines Leserbriefes zu erzwingen. Um seine Ansichten, Ansprüche oder Rechtfertigungen durchzusetzen, muß er dann presserechtliche Wege beschreiten: Gegendarstellung, die ihm – bei Zeitungen – relativ schnell und ohne anwaltliche oder gerichtliche Inanspruchnahme gewährt wird, wenn er Tatsachenbehauptung durch Tatsachenbehauptung konterkariert, ohne daß es dabei auf den Wahrheitsgehalt ankommt. Also etwa: Falsch ist die Behauptung des *Spiegel*, *Stern* pp, daß ich am Montag nicht in Berlin war. Richtig ist, daß ich am Montag in Berlin war.

Eine solche Gegendarstellung kann von keinem Medium abgelehnt werden – es sei denn, die Zeitung ist in der Lage, konkret nachzuweisen, daß der Gegendarsteller an besagtem fiktiven Montag nicht in Berlin, sondern in München war. Schwieriger ist es dagegen, Unterlassungserklärungen oder gar einen Widerruf zu erlangen – hier aber kann der *Deutsche Presserat* (53004 Bonn, Postfach 1447) dem Leser eine Fülle von Wegen weisen, wie der Medienbürger zu seinem Recht kommen kann.

»Ich, Rudolf, von *Spiegels* Gnaden«

Der Deutsche Presserat hat zum Beispiel die Praxis des *Spiegel*, mißbilligt, Briefe sinnentstellend zusammenzukürzen, wobei der *Spiegel* allein mit einer Mißbilligung – statt einer Rüge – davonkam, weil »die verantwortlichen Mitarbeiter der Leserbriefredaktion ermahnt wurden, sorgfältiger mit Zuschriften umzugehen, und sich die Chefredaktion beim Leserbriefschreiber entschuldigte – so der Sprecher des Presserates Wieske am 19. Juni 1994 gegenüber dem Informationsdienst *Rundy*.

Geschehen war dies: *Spiegel*-Leser Dr. Karl-Geert Malle aus Ludwigshafen hatte dem Hamburger Magazin am 8. November 1993 einen kritischen Leserbrief zugeschickt, in dem Malle ein *Spiegel*-Gespräch mit seinem Herausgeber Augstein »scharf kritisierte« (O-Ton Presserat): »*Spiegel*-Redakteure sehen den Herausgeber offensichtlich aus anderer Perspektive als *Spiegel*-Leser. Deshalb bitte ich Sie, folgenden Leserbrief zu veröffentlichen: Als Studenten haben wir die seinerzeit 70 Pfennige für einen Kaffee investiert, um den *Spiegel* aus der Lesemappe konsumieren zu können. Als Familienväter sind wir auf die Straße gegangen, weil Augstein verhaftet worden war. Und heute – ist er ein Monument, ganz ohne Frage. Durch die allwöchentliche Wiederholung dieses Umstandes in den eigenen Artikeln wird allenfalls der Sockel brüchig. Er kann doch schreiben, soll er es bitte auch tun. Statt dessen nervt er uns Woche für Woche mit einer eitlen Selbstbespiegelung, die Daniel Doppler und seinen Brüdern fremd war.

Die verstorbene Schauspielerin, dadurch wird sie geadelt, daß einst *Er* ihr einen Geburtstag ausrichtete. Ob Adenauer, Strauß, Brandt oder Gorbatschow, wichtig ist allein, wie oft *Er* mit ihnen kommunizierte ... Das untertänige Interview liegt voll im Trend. Mein Geburtstagsvorschlag: Von nun an die Beiträge des Herausgeber mit *Wir, Rudolf, von Spiegels Gnaden* einleiten. Fürs 9. Jahrzehnt bleibt ja noch Ich, Rudolf, Herausgeber und Allmächtiger.«

Am 15. November 1993 druckte der *Spiegel* allen Ernstes die folgende sinnentstellende Verkürzung: »Als Studenten haben wir seinerzeit 70 Pfennig für einen Kaffee investiert, um den *Spiegel* aus der Lesemappe konsumieren zu können. Als Familienväter sind wir auf die Straße gegangen, weil Augstein verhaftet worden war. Und heute – ist er ein Monument, ganz ohne Frage.«

Daraufhin beschwerte sich Dr. Karl-Geert Malle beim *Spiegel* mit dem folgenden Brief: »Mein Leserbrief enthielt eine scharfe Kritik an Ihrem Herausgeber. Profis, die Sie sind, muß ich nicht erklären, daß Kritik dadurch an Gewicht gewinnt, daß sich der Kritiker als früherer Sympathisant ausweist. Es stand Ihnen frei, den Brief abzudrucken. Sie haben das Kunststück geschafft, ihn solange zu verkürzen, bis eine Ergebenheitsadresse übrig blieb. Alle Achtung! So ist Ihnen ein bemerkenswertes Beispiel des von mir kritisierten Byzantinismus im *Spiegel* gelungen. Weiß so etwas eigentlich die ganze Redaktion, die Chefredakteure, gar der Herausgeber? Machen Sie das häufiger? Und keinem schlägt dabei das vielbeschworene journalistische Gewissen, keiner schämt sich, armer *Spiegel*!« Auch diesen Beschwerdebrief druckte der *Spiegel* nicht – die Frankfurter *Medien-Kritik* aber dokumentierte den Vorgang komplett.

Mittlerweile hatte sich der Leserbriefschreiber mit einer Beschwerde an den Deutschen Presserat gewandt.

Der Beschwerdeausschuß des Deutschen Presserates kam dann am 22. Februar 1994 zu dem Schluß, daß die Beschwerde begründet ist. O-Ton Presserat: »Der Ausschuß war der Ansicht, daß der *Spiegel* durch erhebliche Kürzung des Leserbriefs dessen Sinn erheblich entstellt hat. Die ursprüngliche Aussage ist durch die Verkürzung in ihr Gegenteil gekehrt worden. Die Einlassung der Redaktion, daß die Handlungsweise auf Arbeitsüberlastung zurückzuführen bzw. der Text während der Produktion gekürzt worden sei, erkannte der Ausschuß nicht an. Er sah daher Ziffer 2 des Pressekodex verletzt. Richtlinie 2.6 besagt, daß ›Änderungen oder Kürzungen von Zuschriften namentlich bekannter Verfasser ohne deren Einverständnis grundsätzlich unzulässig sind ... Verbietet der Einsender ausdrücklich Änderungen oder Kürzungen, so hat sich die Redaktion, auch wenn sie sich das Recht der Kürzungen vorbehalten hat, daran zu halten oder den Abdruck abzulehnen.‹

Der Spiegel hält sich im Zweifelsfalle immer daran, den Abdruck abzulehnen. Der Zweifelsfall ist vor allem dann gegeben, wenn der *Spiegel* oder ihm genehme Personen, Auffassungen oder Institutionen kritisiert werden – die Probe aufs Exempel steht jedem *Spiegel*-Leser jede Woche frei.

Natürlich wird diese Praxis der Leser-Brief-Unterdrückung oder/und verstümmelnder Brief-Kürzung von vielen Blättern praktiziert, selten allerdings so schamlos wie in diesem von der *Medien-Kritik* aufgegriffenen exemplarischen Fall einer Inhaltsverdrehung, aus dem sich die *Spiegel*-Redakteure dann auch noch mit dem Scheinargument von Arbeitsüberlastung stehlen wollten, wiewohl die raffinierte Form der Kürzung, die aus einer Kritik eine Hymne machte, auf höchst professionelle Entstellungskünste hinwies.

Zwei Millionen Briefe und Anrufe

Was den gedruckten Medien die Leserpost ist, ist den Fernseh- und Hörfunkanstalten die Zuschauerreaktion per Anruf oder Brief/Fax. Per anno erreichen ARD und ZDF sowie die privaten Sender über zwei Millionen Briefe und Anrufe. Allein das ZDF erhielt 1993 etwas mehr als 260 000 Zuschriften zu Fragen des Programms – 160 000 (hundertsechzigtausend!) Zuschauer riefen beim ZDF an. Heinz Braun hat im *ZDF-Jahrbuch 92 (Was die Zuschauer bewegt und erregt)* ausführlich dargestellt, weshalb Zuschauer anrufen und schreiben (Gewaltdarstellung, Werbeunterbrechungen, Gebühren, Programmkoordination, ob Carolin Reiber ankommt, daß Gottschalk auf mehr Akzeptanz als Lippert trifft – 441 Zuschauer für Gottschalk, 168 für Lippert). Nur: Dieser Beitrag verschweigt, daß die Mehrzahl der Zuschaueranfragen – schon wegen ihrer großen Anzahl – mit vorgedruckten Formbriefen oder sonstigen Pauschalen abgetan wird.

Neben der Zuschauerreaktion kommt naturgemäß der

professionellen Reaktion von Kritikern und Zuschauervereinigungen große Bedeutung zu. So weiß Helmut Walther, bis 1992 Vorsitzender der *Aktion Funk und Fernsehen* (AFF), der ältesten und professionellsten Vereinigung von Zuschauern – unter ihnen Ex-Intendanten wie Franz Mai oder Karl Holzamer – zu berichten, daß die AFF innerhalb von 25 Jahren etwa zweitausend Programmbeschwerden an ARD und ZDF gerichtet hat. Lediglich fünf dieser zweitausend Beschwerden – 0,25 Prozent, sprich: gleich null – wurden behandelt.

Vor allem aber, so Walther: »Dazu kommt, daß diese fünf Programmbeschwerden, die Erfolg hatten, nur in den siebziger Jahren möglich waren, da wir damals noch bedeutende und unabhängige Intendantengestalten wie Franz Mai, Helmut Hammerschmidt, Reinhold Vöth oder Franz Barsig hatten, die sich gegenüber der Redakteurskamarilla durchzusetzen vermochten. Mit der zunehmenden Entmachtung der Intendanten durch Redakteursstatute und die Anerkennung einer sogenannten inneren Rundfunkfreiheit sanken auch die Chancen aller Beschwerdeführer, mit ihren Anliegen durchzudringen. Ich wendete mich an machtlose Intendanten und machtlose Gremien, die diese Machtlosigkeit durch ablehnende und nichtssagende Bla-Bla-Bla-Antworten kaschierten.«

Die im Amt befindlichen Intendanten, so Dieter Stolte vom ZDF, weisen hochmütig jede Kritik an ihrer Behandlung von Programmbeschwerden zurück. Diejenigen, die Sendungen machen, erführen, so Stolte, von der Kritik: »Deshalb gebe ich an mich gerichtete Beschwerden in aller Regel den für die Sendung verantwortlichen Mitarbeitern zur Kenntnis bzw. hole dort, wo es mir nötig erscheint, auch Stellungnahmen ein.« Derlei nichtssagende Allgemeinplätze sind von allen Intendanten oder sonstigen Programmverantwortlichen zu hören – solange sie im Amt sind. Intendanten, die ihre Amtszeit hinter sich haben, so wie Holzamer oder Mai, Barsig und Vöth, wissen da ganz anderes zu berichten. Und Intendanten, die aus dem Programm »geputscht« wurden, wie Lothar Loewe beim SFB oder Peter Schiwy beim NDR, wissen Gegenteiliges zu berichten – von der zumeist pauschalen Behandlung und Abwimmelung fast aller Zuschauerreaktionen, Kritikervorwürfe oder gezielter Programmbeschwerden etwa der Aktion Funk und Fernsehen. Sie alle, die alten Intendanten, bestätigen übereinstimmend, daß im Unterschied zum Zuschauer die IG Medien und die Parteien Einfluß auf das Programm nehmen und letztlich eben dieses Programm von der rot-grünen Redakteursbasis gemacht wird – ohne sich um Zuschauer, Kritiker und Gremien zu scheren.

Die systematische, jahrzehntelange De-facto-Aussperrung der Bürger – des Lesers wie des Zuschauers – aus den Medien hat die Bewußtseinslage – und Unterbewußtseinslage – der Medienkonsumenten offensichtlich tiefgreifend verändert. In diversen Umfragen wird dies deutlich. Der rasante Erfolg des privaten Fernsehens ist jenen Bürgern zu verdanken, die durch die Doppelstrategie des ARD & ZDF-Gebühren-Monopol-Fernsehens, den mündigen Zuschauer zuerst programmlich zu bevormunden und danach seine Kritik zu entmündigen, des Monopolfernsehens müde wurden. Wenn RTL mit 700 Festangestellten 1993 ARD und ZDF mit zusammen 30 000 festen Mitarbeitern überholte und die größte Akzeptanz aller Sender bei den Zuschauern erreichte, dann ist dies nicht allein dem lebendigeren Programm von RTL (und Sat 1, RTL 2 oder Pro 7) zu verdanken, sondern eben auch der Frustration des Zuschauers durch seine Aussperrung, Bevormundung und versuchte Entmündigung im öffentlich-rechtlichen Medium.

Aber auch das Heranwachsen einer neuen, pragmatisch-technologisch orientierten Karriere-Generation, die keinen ideologisch motivierten Kampagnero-Göttern hinterherrennt, hat zu einer grundlegenden Umgruppierung auf dem Fernseh- und Rundfunkmarkt geführt – ganz ähnlich jener Umgruppierung auf dem Zeitungsmarkt, die durch den geglückten Sturz des *Spiegel* als Monopolmagazin durch Burdas *Focus* offensichtlich wurde und nun nahezu alle großen Verlage von Bauer bis zu Gruner & Jahr dazu verführte, dem neuen, jüngeren Leser des oben geschilderten Typus neue Blatt-Angebote zu machen.

Sobald *RTL aktuell, Sat 1 Newsmagazin* und die *Pro 7 Nachrichten* das Know-how und routinierte, professionelle Journalisten auf den 20 Uhr-*Tagesschau*-Termin ansetzen, wird es nicht nur heißen: »Stell dir vor, es ist Montag, und keiner liest Spiegel«, sondern auch: »Stell dir vor, es ist 20 Uhr, und keiner sieht die Tagesschau.« Das linke Medienkartell verliert eine Bastion nach der anderen, weil es auf Dauer unfähig ist, aus dem ideologischen Käfig auszubrechen, in den es sich selbst gesperrt hat.

Aber die Kampagnen gehen bis dahin weiter, wie das Beispiel einer neuen Anti-Springer-Kirch-Aktion zeigt.

»Das schwarze Imperium«

So wie das Haus Burda, zuweilen auch Bauer, partiell selbst Gruner & Jahr – um drei Große für viele Kleine zu nehmen –, so steht vor allen anderen der Springer-Verlag für die Bewahrung konservativer Werte – ohne sich dem Wandel einer Gesellschaft zu verschließen, die nach dem Ende des Kalten Krieges vor vielen neuen Werten steht und einige alte verabschieden muß.

Der aufbrechende Programmarkt bei den elektronischen Medien geht zusammen mit einem sich explosiv vermehrenden Informationsbedürfnis.

Dieser massiv alle Medien bestimmende, bedrängende und prägende Trend zwingt im Bannkreis dieser Medien zu Konzentration und Zentralisation, um der internationalen Konkurrenz auf einem offenen Welt- und Europamarkt standzuhalten.

In Deutschland haben sich zwei solche Konzentrationen und Zentralisationen ergeben: einmal Bertelsmann, nach Time-Warner mit fast 20 Milliarden Mark Jahresumsatz zweitgrößter Medienkonzern der Welt. Bertelsmann hat sich über das Tochter-Unternehmen Ufa Film- und Fernsehen GmbH mit dem belgisch-luxemburgischen Konzern CLT bei RTL zusammengetan. RTL ist mittlerweile Europas größter Werbeträger und TV-Marktführer in Deutschland. Zu diesem Medien-Trust Bertelsmann-CLT ist nun das Imperium des australisch-britischen Medien-Tycoons Rupert Murdoch gestoßen, um den TV-Sender Vox zu betreiben. Damit entstand ein Fast-50-Milliarden-Mark-Umsatz-Medien-Kartell.

Auf der anderen Seite hat sich nach den mittlerweile beigelegten Querelen zwischen dem Verlagshaus Springer und Leo Kirchs Münchner Beta-Film mit einer Verspätung von mehr als fünf Jahren (gegenüber Bertelsmann und CLT) ein zweiter Medien-Trust entwickelt, der das Haus Springer, den Sender Sat 1 und Kirchs Familien-Imperium (Pro 7, Kabelkanal, DSF) umfaßt – ein im Vergleich zum Bertelsmann-CLT-Murdoch-Reich (50 Milliarden) essentiell kleineres Medien-Kartell mit einer 10-Milliarden-Umsatzpotenz per annum.

Damit ist auf dem deutschen Markt eine längst überfällige Medien-Balance entstanden, die zum einen der Übermacht des Bertelsmann-Engagements Paroli bietet und zum anderen jene Freiräume zwischen beiden Medien-Kartellen schafft, in denen sich kleine und mittlere Medien-Unternehmen entwickeln können. Unter den Fittichen zweier Medien-Riesen, die dem Konkurrenzdruck der internationalen Märkte widerstehen, sind die kleineren Unternehmen vor dem Zugriff und der Wettbewerbsverdrängung großer ausländischer Konzerne geschützt.

Das linke Medienkartell, wiederum angeführt vom *Spiegel*, hat kaum Bedenken gegen die Bertelsmann-CLT-Aktivitäten angemeldet. Dies tut es indessen unverhohlen und massiv vernetzt bei dem Versuch des Hauses Springer, mit Leo Kirch und Sat 1 zu kooperieren.

Kaum wurde bekannt, daß sich das Haus Springer Ende Juli 1994 eine neue Führung unter dem Verlagsmanager Jürgen Richter gab, entfaltete die vereinte Linkspresse eine absurde Kampagne gegen Leo Kirch als »deutschen Berlusconi«. In Bissingers *Woche* schoß der auf thesenhaft-floskelartige Bekundungen spezialisierte SPD-Medienexperte Peter Glotz eine Breitseite auf Springer ab. »Die Telekratie beginnt die Demokratie zu überlagern.« Das schöne Schreckensbild fiel ihm bei Bertelsmann-CLT nicht ein.

Und der *Spiegel* brachte das dann am 25. Juli 1994 mit der Titelgeschichte auf den gewünschten SPD-Punkt: *Das schwarze Imperium* – gefettet in Versalien. Gleich der Vorspruch zeigt, wohin die Artikel-Reise geht: »Eine multimediale Großmacht, konservativ und regierungstreu, hat sich Filmhändler Leo Kirch zusammengekauft. Medienkontrolleure blieben ohnmächtig. Im Wahljahr stützt der Mogul den Kanzler mit Fernsehsendern und Massenblättern. Modell Italien. Die Telekratie ist, im Gleichschritt, auf dem Vormarsch.«

Auf Seite 23 gibt es dann auch das Foto zur Story: Kirch und Berlusconi Arm in Arm – die Story suggeriert, infam, mit dem Namen Berlusconi die schwarz-braunen Polit-Farben: Mussolini, Post-Faschismus, Neonazismus – in dieser Reihenfolge.

Die beabsichtigte Denunziation geht ins Leere, weil die politische Intention im Nu durchschaut ist. Jeder weiß: Das Haus Springer war seit seiner Gründung stets der konsequenteste und kämpferischste Gegner von Faschismus wie Kommunismus. Gleiches gilt uneingeschränkt für Leo Kirch – von Sat 1 ganz zu schweigen.

SIEBTES KAPITEL
Alle Macht den Drähten
Auf dem Daten-Highway

*Der Communication Highway
wird unsere Medienwelt
von Grund auf verändern.*

HUBERT BURDA

Schöne Neue Welt. Ab 1996 wird das Fernsehen entfesselt. Die gute alte Glotze geht am Communication Highway auf den digitalen Strich. ARD ade. Winke, winke Mainzelmännchen. In zwei Jahren schüttet aus vielleicht 100 Kanälen TV-Dauerriesel auf deutsches Flimmerland. Und die interaktive Medienentwicklung zwischen Heimcomputer, Fernsehen und Telefon wird dem Medienbürger bislang ungeahnte Dimensionen der Teilhabe und des aktiven Eingreifens eröffnen und die Rolle des passiven Zuschauers beenden. Die Zukunft liegt im multi-media-integrierten Personalcomputer. Die zukünftige Mediennutzung wird sicherlich interaktiv sein, doch weniger beim Fernsehen, das vor allem Primärbedürfnisse wie Unterhaltung befriedigen wird.
Ideologen, Kulturwarte, ARD-Intendanten und ZDF-Apologeten, Popen wie Professoren, intellektuelle Großkritiker und geistige Kleinrentner lassen seither die Moralsirenen heulen: Gottes Schöpfung Mensch werde durch eine neue Programmflut zum verzwergten Kon-

sumwesen zurückgeschrumpft – genau das Gegenteil ist der Fall.

King Hiob verkündet den großen Frust. Mit zehn Strich Backbord trompeten bürgerliche Lordsiegelkulturbewahrer und sozialistische Kulturfunktionäre den SOS-Zeitschmerz in Desaster-d-Moll aus allen Medienmegaphonen: Zuviel Fernsehen fürs Volk – düstern sie.

Zur Linken wird die antihumanistisch-repressive Gewalt beklagt, mit der das Massenmedium Fernsehen die menschheitsbefreiende Ideologie vom sozialistisch gepolten Endmenschen zum apathischen Verbrauchsproletariat herunterbringe.

Zur Rechten indessen wird das antibürgerliche Kulturdefizit der Mattscheibe zum Pessimismus hochorchestriert, der die austarierte Balance der in Jahrhunderten gewachsenen Familie dem Flachsinn bloßen Konsums opfere und das bourgeoise Individuum zum niederen Kollektivismus grauer Vorzeit zurückdatiere. Zuviel Fernsehen schade.

Die Spezies des elektronisch genasführten Glotzpöbels werde jeder geistigen Tätigkeit entfremdet, die Quadratur des Auges stehe unmittelbar bevor.

Die professionellen Schwachstellen-Analytiker geben die totale Labilmachung bekannt: Wer zuviel sieht, verblöde.

Solch pubertierende Denunziation des Communication Highway durchsäuert nicht nur elektronische Kulturmagazine und gedruckte Literaturecken, sondern taucht auch schon in jeder besseren Parteipropaganda auf.

Ihnen allen gemeinsam ist das Verschweigen der aktiven Rolle des künftigen Medienbürgers, der sich, aus der Rolle der bloßen Konsumenten befreit, zum aktiven Mediengestalter emanzipiert.

Was aber treibt ausgerechnet die Umtriebigen aus Politik, Wirtschaft und Kultur, die bislang das Medium Fernsehen gnadenlos für ihre Zwecke prostituierten? Warum tun alle plötzlich so, als sei mit mehr Fernsehen das Ende gekommen? Die Antwort: Das Medium entzieht sich ihrem Diktat. Die Interessenbünde und Parteien verlieren ihr Generalmedium. Die Glotze entgängelt sich via Dialog und Digitalisierung. Die TV-Einfalt weicht neuer Fernsehvielfalt. Die bisherigen Schirmherrscher sehen sich um ihr Opfer gebracht – den Zuschauer. Das endgültige Finale des Reichsrundfunks (und DDR-Fernsehens) ist gekommen.

Das Monopol des Mediums bricht auseinander. Ab 1997 kann jedermann auch hierzulande aus möglicherweise einhundert bis zweihundert Programmen auswählen. Satelliten, die bislang nur acht oder sechzehn Programme transportieren konnten, werden durch die digitale Verpackung der TV-Signale in Bits – Kompressions-Fernsehen nennt sich das dann – in die Lage versetzt, Hunderte von Programmen gleichzeitig weltweit zu verbreiten.

Vor allem aber: Der Communication Highway zieht den sogenannten (und programmunkundigen) Medienwächtern – in Landesmedienanstalten wie Gremien – den Boden unter den Füßen weg. Der Zuschauer kann sich sein Programm unkontrolliert, unbevormundet selbst aus der Luft ins Zimmer holen. Die Wächter werden überflüssig.

Mehr Programme, mehr Qualität

Seit dem Start der Privaten vor über zehn Jahren ist aktenkundig: Kämpfen zahlreiche Fernsehprogramme um die Gunst der Zuschauer, müssen diese Programme attraktiver und qualitativer sein – nicht umgekehrt. Da Politiker und Ideologen sehen, wie ihr TV-Monopol zerrinnt, denunzieren sie die neue Fernsehvielfalt als kommerzielle Quotenjagd, die das Niveau des Fernsehens absenke, Gewalt, Sex, Mord und Totschlag, Analphabeten-Talks und Billig-Shows fördere – eine zum Erbarmen dümmliche Beschimpfung des Zuschauers, der nicht fähig sei, selbst zu entscheiden, was er sehen will.
Der Zuschauer wird von denen, die das Fernsehen bislang zur moralisierenden Erziehungsanstalt für potentielle Wählerstimmen verkommen ließen, als elektronischer Neandertaler verunglimpft, der nicht von sich aus imstande sei, über Qualität zu entscheiden – so wie jeder am Zeitungskiosk. Der Wähler, der über die politische Führung des Landes entscheidet, sei zu dumm fürs Fernsehen. Tatsache ist:
Größere Programm-Quantität schlägt in eine neue Zuschauer-Qualität um. Der Bürger wird durch mehr Programme aus dem Dämmerzustand jenes Konsumidioten befreit, der nur zwischen zwei Übeln, ARD oder ZDF, wählen durfte. Jetzt wird die bislang verriegelte Tür zur neuen Fernsehfreiheit aufgestoßen. Der Bürger kann wie am Kiosk zwischen hundert Blättern ein Vielfaches an Programmen selbst auswählen. Vor allem aber: Das Dialogfernsehen kommt. Jeder ist fortan sein eigener Programmdirektor. Der Zuschauer kann dann aktiv ins Network eingreifen, Teletäter werden. Das Wunder ist die Kombination Computer, Modem, Telefon und Fernse-

her, die heute schon perfekt vernetzt werden – das interaktive Medienkreuz der Zukunft. Hörer ab – und ich bestimme, was ich sehen und erfahren will.

Kommunikativer Individual-Aktivismus ante portas. Mit dem Crosspoint Computer und Telefon kann ich alles: Einkaufen, Abrufen, Wählen, Post- und Bankverkehr abwickeln, Flugtickets und Mietwagen bestellen – so wie heute schon beim fast vergessenen Bildschirmtext, den die deutsche Staatspost von Anfang an zum Flop verdammte, da sie das interaktive Medium Btx verbürokratisiert am Markt vorbeiplante.

Das private Kompressions-TV macht's nun möglich: Via Fernbedienung kann Herr Jedermann beim Fußballspiel die Kamera wählen, die die beste Position hat. Bei Spielfilmen kann er zwischen zwei oder mehr Handlungsabläufen auswählen: Tod oder Leben, Crash oder Glück, Scheidung oder Happy-End. Ich kann bei der Kommunalwahl via Fernseher und Telefon den Bürgermeister abwählen, über Chappikanal Hundefutter bestellen. Über die Dino-Nummer 007 schnauben Spielbergs Saurier aus den monströsen Videofilmspeichern der großen Filmgesellschaften auf die heimische Jumbofernsehwand. Mehr als 100 000 Spielfilme werden bis 1997 mit dem Telefon direkt abrufbar sein. Pay-TV total. Die Fernseh-Rechnung für die gesehenen Filme kommt mit der Telefonrechnung. Neben dem üblichen Telefonbuch gibt es das Kinotelefonbuch – jeder der 100 000 Filme hat eine siebenstellige Telefonnummer.

Der Zuschauer wird souverän, weil er auswählen und aktiv eingreifen kann. Er bestimmt, was er sieht, nachdem er vierzig Jahre lang einem monolithischen Programmzwang nach dem Motto »Sieh oder schalt ab« ausgesetzt war. Es gab wenig freie Wahl in der Welt von ARD und

ZDF. Die sogenannten Kulturmedien tönen unisono: Die Zeitrechnung totaler Schirmherrschaft beginne; reden dem Bürger allen Ernstes ein, Vielfalt schade, Eintönigkeit nutze. Der *Spiegel*, Zentralorgan des politisch ferngelenkten Zweck-Pessimismus, hat die »Gefahr« ausgemacht, daß der Zuschauer seiner bisherigen Entmündigung entrinnen könnte, und miesmauschelt in seiner letzten Ausgabe 1993: »Die Menschen vereinsamen in ihren elektronischen Höhlen« – ein Wunder, daß sie noch leben.

Denn nach ihrem Neil Postman hätten sie sich längst zu Tode amüsieren müssen. Postman, den sozialistische Kulturredakteure und konservative Feuilletonchefs als Kronzeugen für den Verfall des Mediums zitieren, wird stets nur selektiv bemüht. In seinem Buch »Wir amüsieren uns zu Tode« schrieb er 1985: »Am gefährlichsten ist das Fernsehen, wenn es sich anspruchsvoll gibt und sich als Vermittler bedeutsamer kultureller Botschaften präsentiert.«

Der *Spiegel* hatte schon vor vierzehn Jahren das damals nicht mal im Ansatz vorhandene Privat-TV nach dem ganz gleichen Rezept a priori denunziert. Am 17. Dezember 1979 titelte das Magazin: *Privat-Fernsehen, Sex auf allen Kanälen?* – und zitierte in der obligaten Hausmitteilung Egon Bahr, der mit dem privaten Fernsehen »das bequeme Ende der Demokratie« überhaupt kommen sah. Barer Unsinn schleppte sich schon damals durch den gesamten *Spiegel*-Artikel. Der Traum Fernsehen wurde zum Alptraum, mit Ketchup und Colgate verseichte Sex- und Crime-Revuen rieselten auf uns herab, Kinder liebten das Pantoffelkino mehr als den eigenen Papa, der Zuschauer werde am Rande der Idiotie dahindämmern – nur weil er, der Zuschauer, der Alleinherrschaft der ARD entzogen werden könnte.

CDU verschlief jeden Sender

Augsteins ARD-Apologeten erkannten schon damals auf den Punkt genau, daß mit dem Finale des ARD-Kartells die Meinungsmache zusammenbreche, die das rot-grüne Beziehungsgeflecht in der Redakteursbasis des ARD & ZDF-Monopols fabriziert. ARD und – mit Abstrichen – auch das ZDF waren seit den Siebzigern aus der verfassungsrechtlich gebotenen Staatsferne in eine fatale Parteiennähe gerückt. Während das Bürgertum die Wirtschaft aus den Trümmern des Krieges wuchtete, besetzten die professionellen Meinungsmacher zur Linken die politischen Nervenzentren des Mediums. Peter Merseburger *Panorama*. Franz Alt *Report*. Klaus Bednarz später *Monitor*, nachdem er wie Fritz Pleitgen in Moskau gelernt hatte, was Agitation und Propaganda bedeuten.

Der sensibelste Punkt im telekratischen Medienverbund, ARD aktuell mit *Tagesschau* und *Tagesthemen* das News-Center der Republik, vernetzt mit dem weltweit größten Korrespondentennetz, war und ist redaktionell von A bis Z mit Redakteuren besetzt, die sich mehrheitlich SPD und Grünen zurechnen. Die Position des Chefredakteurs spielte da eine ganz ähnliche Rolle wie die des Intendanten – gar keine (oder er paßt sich der Redakteurs-»Basis« ebenso eng an wie dem Parteivorstand). Edmund Gruber und Henning Röhl, die ein Jahrzehnt diese Position hielten, können Bände darüber schreiben. Einen schrieb Röhl: *Die Macht der Nachricht – Hinter den Kulissen der Tagesschau*.

Die Sozialdemokratie, medienpolitisch immer auf Draht, machte dort stille Basisarbeit, wo sich die CDU in frommen Erklärungen erschöpfte. Der Kreislauf zwischen den Politbüros in ARD und ZDF wurde mit den in der Wolle gefärbten Printmedien kurzgeschlossen. Der Journalist, von Haus aus eher links als alles andere, kam den Bestrebungen der SPD entgegen. Der CDU-Mann im Sender mußte sich an den vorgegebenen Trend links von der Wahrheit anpassen – oder wurde ausgeschwitzt wie vor einigen Jahren Franz Rüger, der damals als letztes CDU-Mitglied der Redaktion aus dem HR gedrängt wurde. Der Sender meldete schwarzfrei. SPD und Grünen gelang der lange Marsch durch die ARD- und ZDF-Institutionen; sie sitzen am Schalthebel der Politik – und die wenigen Alibi-Rechten müssen sich, wie etwa in Kienzles ZDF-Politmagazin *Frontal*, als Kaspar Hauser verdingen. Links ist in, rechts out. Bresser gibt den Ton an im ZDF, Siegloch trägt dafür den Scheitel eloquent rechts. Öffentliche Meinung und veröffentlichte Meinung sind weit auseinander.

Was die Wirtschaft toll aufbaute, macht die Linke schnell runter – und die Union schaute, tatenlos jammernd, zu. Und da, wo Medienprofis wie Dieter Weirich, jetzt Intendant der Deutschen Welle, Ansätze aktiver Medienpolitik versuchten, winkten die CDU-Päpste ab. Medien, so what! Mit denen redet man nicht, die liest man nicht. Konservative Medienpolitik Fehlanzeige. Die CDU verschlief jeden Sender. Wo sie Intendanten ihrer Couleur plazieren konnte, stellte sie alsbald fest, was die SPD schon lange wußte: Intendanten machen nicht die Politik im Fernsehen, sondern Redakteure. Die Fernsehfürsten der Union erwiesen sich im Parteienrundfunk zu oft als Papiertiger, die mit nur wenigen Ausnahmen dem Konformitätsdruck des Zeitgeistes erlagen.

Ihr bürgerlicher Individualismus verbot überdies den solidarischen Gestus mit der eigenen Partei. Das Genre der Sitzungs-Intendanten verbrauchte sich und die Gebühren mit Konferenzen und Arbeitsessen, in Treffs und Jets. Ganz genauso wie auch die Gremienmitglieder, die Aufsichtsräte von ARD und ZDF, sehen die Intendanten, die angeblich die Programmverantwortung tragen, im Vergleich zur Gesamtbevölkerung am wenigsten fern.

Ist der Intendant CDU-nah, dann ist der Chefredakteur, der am Programmhebel sitzt, SPD-näher. Beim WDR machte nie Nowottny die Politik, sondern der bisherige Chefredakteur Pleitgen, dessen Einfluß auf die *Tagesschau* und *Tagesthemen* zudem ein ganz eigenes Kapitel wäre. Beim ZDF macht nicht Stolte die Politik, sondern sein Chefredakteur Klaus Bresser, der sich zu seiner Unterstützung den gleichfalls linken Vox-Versager Ruprecht Eser wieder ins Haus zurückholte.

Der Intendant ist politisch und programmatisch die unwichtigste Führungsfigur eines Senders, bestenfalls Personalberater, der dem Verwaltungsrat bei Bestallung von höheren Fernsehchargen zur strengen Beachtung der politischen Farbenlehre anhält: Rot statt schwarz – oder umgekehrt. Nichts beweist die Chargenrolle der Intendanten mehr als das namenlose Vergessen, dem ein Intendant am Ende seiner Dienstzeit anheimfällt.

Kennt jemand noch Hess vom Hessischen Rundfunk? Weiß jemand noch von Schröder bei Radio Bremen? Wer kennt von Sell vom WDR? Oder Rohde vom Saarländischen? Wer kennt heute noch den ehemaligen NDR-Intendanten Räuker, der, lange vor Schiwy, den NDR ganz schön umkrempelte, Ideologen stoppte, Information förderte, immerhin eine Ulrike Wolf als Chefredakteurin durchboxte, die wiederum, gegen den Widerstand der »männlichen Linken« (Ulrike Wolf) in *ARD aktuell* Sabine Christiansen durchsetzte? Mit Ausnahme von Loewe und Schiwy, die sich dem Anpassungsdruck der

Linken beim SFB respektive NDR widersetzten, sind diese Schmuckstücke öffentlich-rechtlichen Parteienrundfunks in dem Moment in Vergessenheit geraten, da sie vom Thron fielen. Die Kelms kennt keiner mehr.

Was nicht geht, kriegt Grimme

Zu den letzten Ausputzern des öffentlich-rechtlichen Systems zählt die kleine, aber einflußreiche Kaste der amusischen Subventions-Filmer, die sich an den ARD-Honorarkassen um ihren Stammplatz sorgt und die das umstrittene Grimme-Institut am Laufband nach dem Rezept ehrt: Was am Markt nicht läuft, muß künstliche Preis-Beine bekommen.

Entsprechend zuschauerlos die Prothesen-Filme, die am freien Markt außer dem freien Fall nichts erleben. In diesen Zirkeln, von denen sich ARD und ZDF jetzt trennen, weil sie Zuschauer brauchen, galt es jahrzehntelang als fein, vom Zuschauer nicht goutiert zu werden. Wer eine gute Einschaltquote bekam, galt in den elitären Salons als suspekt, da er Qualität der Quantität geopfert habe – also als zuschauerfreundlich. Die Eieruhr dieser sozialkritischen Durchhaltefilme ist abgelaufen.

Das kommende Multi-Fernsehen, das den Zuschauer nicht mehr wehrlos den Kommentaren oder Zerrbildern der Bednarz & Elitz-Connection ausliefert, ist in der Tat ein Horror für jenes bislang öffentlich-rechtlich abgeschirmte Polit-Establishment, das seine Miete beim Zuschauer mit dem GEZ-Revolver für ein Programm abkassieren läßt, das Millionen überhaupt nicht sehen.

In einem dualen Fernsehsystem, das alsbald zum multiplen wird, ist die Rundfunkgebühr eine durch alle Realitäten längst überholte Steuer, die einst erdacht wurde, um ARD und ZDF für eine unabhängige und komplexe Grundversorgung aller Bevölkerungsschichten zu befähigen. Durch den Antritt der privaten Konkurrenz, die jetzt ARD und ZDF überholt, haben sich sowohl das Erste wie das Zweite vom verfassungsrechtlich gebotenen Prinzip der Grundversorgung abgewandt. Statt *Aida* um 20 Uhr gibt's zur besten Sendezeit *Traumschiff* und *Die Männer vom K 3*. Der Überlebenskampf zwingt ARD und ZDF, die Hüllen fallen zu lassen, auf Quote zu gehen. Der eigentliche Grund für die Gebühren, also die Versorgung auch von Minderheiten und Randgruppen, ist in Wegfall gekommen.

ARD und ZDF trudeln. Milliarden fürs Personal, Programm und Bürokratie außer Kontrolle. Obwohl von kaum jemandem gesehen, veranstalten sie Sender wie 3sat und Arte, richten nach den dritten und vierten inzwischen sogar fünfte Radioprogramme ein, um privaten Sendern die Frequenzen zu stehlen, recyceln für dreistellige Millionenkosten aus RIAS, Deutschlandfunk und den Resten des DDR-Deutschlandsenders ein DeutschlandRadio, das in einem Land mit 200 Radioprogrammen kaum jemand hören wird. Nirgends wird die Unfähigkeit des Gebührenfernsehens zur Reform, zum Sparen oder zur Entideologisierung dramatischer dokumentiert als durch die Einführung von Programmen, die niemand hört und sehen will.

ARD und ZDF bilanzieren jetzt ein Milliardenminus in der Werbung. Aber sie senden weiter Dritte Fernsehprogramme, 3sat, vierte und fünfte Rundfunkprogramme, DeutschlandRadio, mit denen sie glaubten, Private verdrängen oder verhindern zu können. Das Gegenteil trat ein – und der Gebührenzahler muß die kostenträchtige Aufblähung, an der das öffentlich-rechtliche Monopol erstickt, bezahlen.

Enteignung von ARD und ZDF

Aber schon rasen auf der elektronischen Achterbahn des Communication Highway zahllose Programme heran, die ARD und ZDF enteignen werden. Der Zuschauer wendet sich ab. Er entscheidet sich neu, gegen das Alte, und via Medienkreuz entscheidet er vor allem selbst.
74 Prozent aller Deutschen finden es gut, daß es Privatfernsehen gibt, eruierte Allensbach am 3. Januar 1994.
45,2 Prozent gefällt das Fernsehen heute mehr als vor zehn Jahren.
Das Weltuntergangs-Wehklagen der ARD- und ZDF-Hofsänger, wonach sich das Fernsehen nun selbst auffresse, ist nicht viel mehr als der Zorn – vor allem der hinter dem Medium agierenden Parteien – darüber, daß ihnen die polit-publizistische Monopol-Sprechtüte namens ARD und ZDF durch die neuen Programme aus der Hand geschlagen wird.
Johannes Gross bringt es auf den Punkt: »Die Vielfalt der Medien wird für die Politiker immer unerfreulicher, weil die Inanspruchnahme des Publikums für ihre Politik immer schwieriger, ja beinahe unmöglich wird.« Der Communication Highway kündigt in jedem Falle das nahende Ende des monolithischen und gebührenfinanzierten Gesinnungsfernsehens an.
In dem Maße, wie die Fernlenkfedern des GEZ-Glotzariums die privaten Sender attackieren, beschleunigt sich der Prozeß des Zerfalls von ARD und ZDF, die das Jahr 2000 so nicht erleben – vielleicht das ZDF privatisiert und

die ARD als regionalisiertes Länder-TV mit Gebühren, die nur von denen bezahlt werden müssen, die es sehen – und in jedem Fall ohne Werbung.

Den öffentlich-rechtlichen Betroffenheitsartisten und Infernopropheten, die depressiv schwatzhubern, die Zuschauer würden im Strudel der nahenden Programmsturzflut versinken, gibt Günter Jauch einen Spruch mit ins Gebetbuch: »Es gibt nichts Demokratischeres als einen Fernsehapparat. Man kann einschalten, umschalten und ausschalten.«

Der Zuschauer ist König. Er entscheidet dank Satellit und Kabel, wo er auf Draht ist, und wirkt dank Communication Highway, Computer und Telefon aktiv mit, was mit ihm medienmäßig geschieht. Er ist nicht mehr passives Medien-Objekt, sondern aktives Medien-Subjekt.

Der alles überflutende Informationsfluß des Daten-Highways unterspült die Betonstrukturen des linken Medienkartells. Es hat keine Zukunft. Das Informationsniveau des Bürgers immunisiert ihn gegen die ideologischen Beeinflussungsmechanismen des linken Medienkartells. Sicher, es funktioniert *noch*; es ist, elektronisch wie gedruckt, noch intakt. Der Fall Bad Kleinen zeigt das ebenso wie die ökologische Panikmache. Aber seine Zukunft hat das linke Medienkartell hinter sich.

Statt *Alle Macht den Räten* heißt es fortan *Alle Macht den Drähten*.

Personenregister

Achromejew, Sergej F. 102
Adenauer, Konrad 203
Alt, Franz 51, 100, 108, 110, 119 ff., 218
Anson, Luis Maria 9, 70–75
Appel, Reinhard 167
Augstein, Rudolf 12, 44, 47, 50, 93, 195–198, 202, 218
Aust, Stefan 30, 65

Baader, Andreas 158
Bahr, Egon 217
Baring, Arnulf 137, 139
Barsing, Franz 67, 186, 206 f.
Bednarz, Klaus 40, 44, 50, 78, 89, 139, 218, 221
Berlusconi, Silvio 79, 211
Berg, Klaus 14
Berger, Hans 125
Bethge, Herbert 185 f.
Bissinger, Manfred 51, 210
Bohley, Bärbel 16
Böll, Heinrich 47, 158
Bönte, Andreas 27, 31, 40, 186
Borchgrave, Arnaud de 72
Brandt, Willy 77, 203
Braun, Heinz 205
Braun, Volker 141
Bredel, Willi 179
Bremer, Heiner 65, 86 f.
Breschnew, Leonid 61, 80
Bresser, Klaus 22, 78, 219 f.
Broder, Henryk M. 24
Brumlik, Michael 119 f.
Brunn, Anke 172
Bubis, Ignatz 136, 143
Bucerius, Gerd 25, 47
Burda, Hubert 171, 192–198, 200, 208, 212
Burghart, Heinz 65, 67
Burkhardt, Jacob 142
Büssow, Hans-Jürgen 172

Christiansen, Sabine 31, 220
Churchill, Winston S. 82
Clement, Wolfgang 172

Deus Pinheiro, Jão de 169
Dickmann, Barbara 77
Ditfurth, Jutta 58
Dittmar, Peter 79
Dubcek, Alexander 79
Dürr, Hans-Peter 98
Dutschke, Rudi 46

Eggebrecht, Axel 65
Eichel, Hans 12
Elitz, Ernst 51, 78, 221
Enzensberger, Hans Magnus 139
Eser, Ruprecht 50, 65, 220
Eylmann, Horst 154

Fabian, Peter 57
Fechter, Peter 48, 66
Feddersen, Jens 29, 31 f., 34, 99
Ferlemann, Erwin 180
Fichter, Tilman 137
Filbinger, Hans 23, 25 f.
Fischer, Joschka 55 f., 58, 99
Fleissner, Herbert 27, 140
Freisler, Roland 66
Fried, Amelie 77
Friedrichs, Hajo 65
Fitzenkötter, Andreas 29
Frost, Ursula 89 f.
Fuchs, Gerhard 31

Galinski, Heinz 108
Gaus, Günter 24, 31, 51, 155
Gauweiler, Peter 11
Geißler, Heiner 136
Gesang, Udo 87
Giscard, d'Estaing, Valéry 79
Glotz, Peter 210
Goebbels, Joseph 105, 173
Gottlieb, Sigmund 31
Gorbatschow, Michail 80, 102, 203
Gottschalk, Thomas 205
Grams, Wolfgang 40 ff., 158
Grass, Günter 47
Grätz, Reinhard 172
Griefahn, Monika 87, 118
Gries, Sabine 144
Gross, Johannes 223
Gruber, Edmund 218
Gütt, Friedel 187
Gysi, Gregor 76, 136

Hadamovsky, Eugen 173
Hafkemeyer, Jörg 31
Hager, Kurt 24
Hahne, Peter 186
Haider, Jörg 140
Haitzinger, Horst 15

Hammerschmidt, Helmut 206
Hartelt, Horst-Werner 172
Hauser, Bodo H. 61
Heckelmann, Dieter 159
Hein, Christoph 141
Heitmann, Steffen 8, 15–21, 25, 75, 79, 135
Hensche, Detlev 177, 179–182, 187f.
Herrhausen, Alfred 143, 158
Herrmann, Joachim 44
Hertle, Hans-Hermann 180
Herzog, Christiane 21
Herzog, Roman 8, 17, 19–22, 75
Hess, Werner 220
Hetkämper, Robert 51
Heym, Stefan 49, 141
Hillenbrand, Klaus 155
Himmler, Heinrich 132
Hitler, Adolf 43–46, 61, 65, 79, 108, 142, 157, 173
Höfer, Werner 44, 66
Höfl, Heinz 93–96
Holzamer, Karl 65, 206f.
Holzer, Horst 181
Holzer, Werner 25
Honecker, Erich 44, 60, 67, 145
Hörbiger, Attila 105

Hörbiger, Christiane 105
Hörbiger, Hanns 105
Hörbiger, Paul 105
Hoßfeld, Jürgen 155
Hoover, Herbert 82

Illner, Maybritt 50, 78, 88f., 165

Jacobi, Claus 47, 94, 135
Jacobi, Wolfgang 94ff., 102
Janssen, Bernd 84f.
Jauch, Günter 224
Jauer, Joachim 50
Jeismann, Michael 20
Jelzin, Boris 61, 79, 153
Jenke, Manfred 172
Jens, Walter 17, 20
Jochimsen, Luc 22
Jonas, A. 188

Kaden, Wolfgang 198
Kalt, Gero 99f.
Kant, Hermann 141
Kamenjew, Lew B. 80
Kapiza, Pjotr L. 115
Karasek, Hellmuth 16f., 20
Kartte, Wolfgang 153
Kelm, Hartmut 221
Kempowski, Walter 137
Kepplinger, Hans Matthias 33f.
Kienzle, Ulrich 50, 61, 219

Kilz, Hans Werner 198
Kinkel, Klaus 10f., 22, 153
Kirch, Leo 135, 209ff.
Klier, Freya 15
Klose, Hans-Ulrich 19, 22, 76
Knütter, Hans-Helmuth 46, 139, 141
Kohl, Helmut 7f., 10ff., 15f., 19, 29, 61, 76f., 79, 81, 135
Köhler, Otto 135, 140
Korte, Friedhelm 94
Kowalsky, Wolfgang 143
Krautter, Michael 87
Kreiten, Karlrobert 66
Kremp, Herbert 29
Kroymann, Maren 21
Kuby, Erich 28, 51
Künzel, Monika 50
Kupermann, Alan 98
Küppersbusch, Friedrich 51
Küster, Peter 88f.

Lafontaine, Oskar 12f.
Lanzmann, Claude 133
Leinemann, Jürgen 21
Lenin, Wladimir Iljitsch 45, 62, 80, 93
Leonhard, Wolfgang 65
Lesche, Dieter 65
Leyendecker, Hans 41f.

Lippert, Wolfgang 205
Loewe, Lothar 39, 207, 220
Loewenstern, Enno von 135
Löffelholz, Martin 34
Lojewski, Wolf von 31
Lorenzo, Giovanni di 159
Lösch, Holger 26, 40ff.
Löwenstein, Karl 7
Löwenthal, Gerhard 39, 139, 185
Lübke, Heinrich 23

Mai, Franz 65, 186, 206f.
Malle, Karl-Geert 202f.
Mao Tse-tung 80, 90
Markwort, Helmut 192f., 196
Marx, Gisela 77
Marx, Karl 9, 49, 63, 88, 90–93, 180, 182
Meinhof, Ulrike 158
Menkens, Harm 107–110
Merseburger, Peter 218
Mertes, Heinz Klaus 27, 29, 39f., 65, 139, 185
Metzner, Helmut 55
Mielke, Erich 144
Mittag, Günter 90
Mitterrand, François 79
Möhrmann, Renate 172
Moser, Wolfgang 107–111, 119

Motschmann, Elisabeth 141
Müller, Heiner 141
Münch, Wolf W. F. 150
Murdoch, Rupert 209

Naeher, Gerhard 48 f.
Nannen, Henri 47
Nenning, Günter 137
Newrzella, Michael 40
Nolte, Ernst 134, 136, 139, 142, 158
Nowottny, Friedrich 7, 176, 220

Obermann, Emil 65, 67, 186
Otto, Gundolf 177, 179

Paczensky, Gert von 67
Paretzke, Prof. 94
Pelletier, Gerd 144
Piening, Günter 156
Piltz, Eberhard 78
Pleitgen, Fritz 44, 78, 218
Plog, Jobst 14
Pohrt, Wolfgang 140
Postman, Neil 217

Rademacher, Horst 146
Rathenow, Lutz 137
Rau, Johannes 19, 21 f., 171, 175

Räuker, Friedrich Wilhelm 220
Ray, Dixie Lee 54
Reibert, Carolin 205
Reich, Jens 15
Reichel, Angelika 52
Reichelt, Günther 111
Remmers, Walter 154 f.
Reuth, Ralf Georg 144
Revel, Jean-François 131
Rexrodt, Günther 78
Richter, Jürgen 210
Riek, Jürgen 152
Riehl-Heyse, Herbert 51
Rogler, Richard 17
Rohde, Herbert 220
Röhl, Henning 37 f., 218
Röhl, Klaus-Rainer 134, 141
Romahn, Theo 56 f.
Rohwedder, Detlev 143, 158
Rolland, Romain 8
Roosevelt, Franklin D. 82
Rosh, Lea 77
Rüger, Franz 219
Rüggeberg, Jörg 170
Rühe, Volker 76

Sartre, Jean-Paul 158
Schacht, Ulrich 31, 137, 141
Schäfer, Harald 56

Scharping, Rudolf 19, 29, 76, 79, 99
Scheibner, Hans 18
Schimanski, Helmut 78
Schirrmacher, Frank 187
Schiwy, Peter 207, 220
Schmalz-Jacobsen, Cornelia 144 f., 157
Schmid-Ospach, Michael 172
Schmidt, Hans-Jörg 193
Schmidt, Helmut 24
Schmidt, Karl-Rudolf 115
Schnitzler, Karl Eduard von 23, 65 f., 139
Schoenfeldt (Karikaturist) 16
Scholl, Armin 34
Schönhuber, Franz 76, 135
Schröder, Gerhard 10, 12, 118
Schumacher, Kurt 45
Schümer, Dirk 152
Schwarz, Hans-Peter 137
Schwilk, Heimo 137, 141
Seebacher-Brandt, Brigitte 31, 137, 141
Segev, Tom 133
Seibt, Rudolf 42
Seiters, Rudolf 42
Sell, Friedrich W., Freiherr von 220
Siegloch, Klaus Peter 219

Silber, John 81–84
Sinowjew, Grigorij J. 80
Sklarow, Witalik F. 102 f.
Solowjow, Sergej 49
Solschenizyn, Alexander 48
Sommer, Theo 24 f., 44, 50, 139
Sontheimer, Michael 36, 51
Soyka, Walther 109 f.
Spielberg, Steven 131, 133 f.
Spoo, Eckhart 179
Springer, Axel 39, 46 ff.
Stahl, Alexander von 42
Stalin, Josef W. 43, 45, 49, 61, 80, 140, 142
Sternburg, Wilhelm von 51
Stockmann, Antonius 145, 154
Stoiber, Edmund 11, 76, 78, 170 f.
Stoll, Wolfgang 97, 128 f.
Stolpe, Manfred 30, 39, 143 f.
Stolte, Dieter 175, f., 206, 220
Strauß, Botho 136, 139, 158
Strauß, Franz-Josef 203
Streibl, Max 11, 78
Streicher, Julius 44
Struve, Günter 172
Svoboda, Ludvík 79
Szabó, Istvan 133

Templin, Wolfgang 137
Terzani, Tiziano 62
Theobald, Adolf 192
Thorwarth, Alfred 85
Tønsberg, E. 54
Töpfer, Klaus 55, 111
Trampe, Gustav 135
Tremper, Will 131–134
Trotzki, Leo 79f.

Ulbricht, Walter 44, 46f.

Vaatz, Arnold 18
Voigt, Dieter 144
Vöth, Reinhold 206f.

Wachsmann, Felix 94
Wagner, Armin 51, 191
Wallmann, Walter 12
Wallraff, Günter 39f.
Walther, Helmut 162, 206
Wehler, Hans-Ulrich 141
Weirich, Dieter 219
Weischenberg, Siegfried 34
Weißmann, Karlheinz 141f.
Weizsäcker, Richard von 15f., 79
Wickert, Ulrich 41, 51, 77
Wiedemann, Erich 59, 92, 105f., 115, 118
Wieser, Harald 66
Wieske, Martin 202
Wilhelm II. 20
Wilke, Manfred 177, 179f.
Wolf, Christa 141
Wolf, Markus 60, 76
Wolf, Ulrike 220
Wolffsohn, Michael 27, 31, 141
Wolfsohn, Zeew 115
Woller, Rudolf 65
Wulf, Joseph 173f.
Wulf-Matthies, Monika 125

Zahn, Peter von 43, 65
Zastrow, Volker 42, 158f.
Zehm, Günter 141
Zitelmann, Rainer 26f., 134–143 passim
Zöttl, Heinz 55
Zwick, Eduard 11

**Bitte beachten Sie
die folgenden Seiten**

Der Medienskandal

Monitor und *Spiegel*
sprachlos in Erklärungsnot:

Holger Lösch
Bad Kleinen
**Ein Medienskandal
und seine Folgen**

Ullstein Buch 36636, DM 24,90

»Lösch hat recht, wenn er hervorhebt, daß in Sachen Bad Kleinen die publizistische Auseinandersetzung mit der RAF eine neue Qualität erreicht hat. Das Wort ›Skandal‹ wird allzuoft gebraucht, hier ist es am Platz.«
Frankfurter Allgemeine Zeitung

Reginald Rudorf
Nie wieder links
Eine deutsche Reportage

Ullstein Buch 6591

»Seine Waffe ist das Wort. Schließlich ist er einer der wortgewandtesten und profiliertesten Journalisten, die wir haben.«

Medien-Report

Ullstein

Sabine Gries/Dieter Voigt
Manfred Stolpe
in Selbstzeugnissen

»Das Buch zeigt, daß der Weg Stolpes zu dem von der Stasi geführten ›IM Sekretär‹ keine Verirrung, sondern eher logische Konsequenz eines von der sozialistischen Ideologie überzeugten Mannes war.«
Michael J. Inacker, Welt am Sonntag

Ralf Georg Reuth
IM Sekretär
Die »Gauck-Recherche« und die Dokumente zum »Fall Stolpe«

»Ein längst überfälliger Beitrag, der die ganze Dimension der Stasi-Affäre um Stolpe erhellt.«
Freya Klier

Hans-Helmuth Knütter
Die Faschismus-Keule
Das letzte Aufgebot der deutschen Linken

Ullstein Report 36618, DM 19,90

»Antifaschismus als trojanisches Pferd – unsere verantwortlichen Politiker sind blind gegenüber der linken Gefahr – oder auch zu feige, die Wahrheit auszusprechen.«
Zeitbühne

Friedrich W. Schlomann
Die Maulwürfe
Die Stasi-Helfer im Westen sind immer noch unter uns

Ullstein Taschenbuch 33176, DM 19,90

Das Buch zeigt die ganze Dimension noch aktiver Stasi-Netze und Einzelagenten. Dabei wird erstmals ein neues Tabu berührt: die weiterhin rege Tätigkeit ehemaliger sowjetischer Dienste in Deutschland.

**Manfred Wilke/
Hans-Hermann Hertle**
Das Genossen-Kartell
Die SED und die IG Druck und Papier/IG Medien

Ullstein Buch 36603, DM 29,90

»Der Report wagt sich an ein heikles Thema. Schon dies ist ein Verdienst.«

Stuttgarter Zeitung

Klaus Rainer Röhl
Linke Lebenslügen
Eine überfällige Abrechnung

Ullstein Buch 36634, DM 19,90

»Die Geschichte der Wandlung vom politischen Linksaußen zum Konservativen liest sich spannender als jeder Kriminalroman.«

Eugen Georg Schwarz
FOCUS

SOEBEN ERSCHIENEN

Erich Wiedemann
Die deutschen Ängste
Ein Volk in Moll
Ullstein Taschenbuch 22332

Die Ängste der Welt
Ullstein Buch 6592

». . . seine eigene, vergnügliche Sicht der Dinge, die er in leckeren Formulierungen serviert.«
DIE ZEIT

Ullstein